天賦就是你的超能力

陪伴青少年認識自我，成就最好的自己

曲智鑛——著

推薦專文

認識自己，才能自信地走出自己的路

公益平臺文化基金會董事長　嚴長壽

過去這十多年參與教育事業以來，我始終都非常欣賞每一個在第一線工作的老師。我深切的體會到原來要做一個真正的教者，需要花許多時間先認識自己，從探索自己的過程中找到熱情，就像智鏞一樣。而智鏞又選擇了教育界當下最困難的工作——特教與輔導。

在特教還沒有進入到教育圈以前，我只從表象上去了解它，但是自從參與了教育的工作以後，我發覺，特殊教育的問題就是許多問題的癥結所在；它不僅僅代表了「特教學生」的問題，也包括許多沒有病灶、卻在成長過程中，可能因為缺乏了解他的老師、認識他的師長、關心他的伴侶，而使他成為了一個茫然、不知所措、不懂得發掘自己長處的人的問題。

我觀察到，對於特教或者是在學習上沒有自信的孩子，往往在尚未成熟的階段就已經預設了自己的未來，於是我特別為未來的教育歸納三個必須循序漸進的方向：「做人、生活、做事」。智鑛這本《天賦就是你的超能力》中，他也利用十個不同的案例，來分析一個人成長、探索的道路，這其中有高敏感的、自閉症、妥瑞氏症或者只是一般找不到方向的人。其中他談到，從許多數據顯示，其實真正會讀書的人只佔了全部的人的30％，其餘70％的人都必須要用不同的方式跟手段才能在社會上成就自己。

我完全同意他的看法；我們往往用30％的人的期待，讓100％的年輕人走過一段痛苦的學習歷程，這是絕對不公平的。因此，我在均一實驗高中的國小部採取華德福教育，讓孩子能夠在最輕鬆自然的環境中學習，利用整體課程的塊狀主題式學習方式，讓孩子每天先聽老師講故事、到回家說故事給家人聽、進一步到表演的階段，成為一貫的知識循環。

而在均一的國中跟高中，我重視每一位青春期的學生如何找到自己的長處，於是我們透過音樂、舞蹈、戲劇、美術、文學、體育、綠能建築、國際餐飲、山海自行車……等。用各種方式協助孩子探索自己的專長、培養自己的生活素養，以及與同學合作的能力，並將它們融入創意學程裡。我甚至也鼓勵歷史、社會、國文、英文、數學的學科老師，都要能夠把這些活潑的生活素養變成載體，再將他的學識內容潛移默化地讓孩子對學科產生興趣、主動探索問題、找到學習的目的與動機，最終它們就會發展成為孩子們未來就業生存的能力。

作為一個面對未來的教育者，我們同時也應是個學習者、傾聽者、觀察者，才能隨時調整自己、因材施教。但即使是這樣一個簡單的道理，實際上實行起來卻是非常困難的。因為包括了目前還在擔任教職的老師、父母或是陪伴孩子長大的成人，大家過去大都是在父母親的期待之下餵養長大，也為了遷就社會而找到一份工作，於是便很難有跳脫思維、認識自己的能力，只能把所學到的原始的知識，繼續加注在他的孩子身上。

自從事了偏鄉教育的工作以後，我更真切地感受到，在偏鄉教育資源絕對缺乏的狀況之下，從孩子出生開始，面對的就是一個非常不公平的環境。勉強被派到偏鄉的老師，也很難有能力去了解在這種背景下長大的孩子。因此，大部分的老師在輪調期間過後，就選擇逃離那裡，始終無法為偏鄉付出熱誠，更遑論願意全心投入到這份工作。

智鏞在《天賦就是你的超能力》中舉出的許多案例，成為教學上未來的想像，對於從事教育的工作者、家長或是青少年本身，相信都會有很大的幫助。最後我也想舉出一個例子，來結束這一段序文：我在學生時代，其實在學習上乏善可陳，但閱讀名人傳記，欣賞古典音樂，成為了我歷練自己的一個重要的工具，它們讓我能夠沈澱自己，也讓我透過各種名人傳記中，學習到一個人人格特質的養成，藉由穿透這些人的生命歷程，讓我在最短的時間裡學會做人該有的操守。

雖然這些沒有變成我通過考試的工具，卻在往後成為了我重要的養分。我發覺到我那股無可救藥的熱誠、細密的觀察能力以及與人接觸的敏感度，都是我在領導人才上非常重要的能力；我認識了自己的缺點、了解自己的強項。

其實，我的工作夥伴大多數在單項能力都做得比我好、比我更仔細規劃、甚至超越我，而我作為一個領導者，我適當地扮演我自己、提供多方學習的機會、整合歸納問題，這些都是我可以發展的舞台。

未來，我們終將面臨到機器取代人類、科技取代人腦的工作，但千錘不變的是，人最終都必須保有人性。這本《天賦就是你的超能力》給了大家許多好的範例、認識自己的機會，希望每個人在未來的學習過程中，更自信地走出自己的道路。

推薦專文

以孩子為中心，找到最適合他的路

無界塾創辦人、臺大教授　葉丙成

創辦無界塾實驗教育八年來，我們照顧過許多的孩子。在我們的使命宣言的前半段說到：「無界塾創造一個以孩子為中心的學習環境，致力於啟發潛能，實現以能力為本的差異化教學。協助孩子發掘興趣、建立自信、同理他人、突破自我。」這八年來，我們所有的老師、同仁，都是把這幾句話放在心裡去面對我們的孩子們。也因為這樣，我們看到了每個孩子的不同，每個孩子的特色，我們也透過不同的方式來幫助孩子們成長、進步。我們認為，看到孩子們各自的天賦與特質，幫助他們各自找到最適合自己的路，這才是真正的以孩子為中心的學習環境，這也是我們所有團隊夥伴在努力實踐的教育理想。

在幾年前，智鏞加入成為無界塾實驗教育的一份子，大家成為一同實踐以孩子為中心的教育理想的夥伴。在這些年，我已經數不清在我們老師、主管的會議當中，我們團隊討論過多少孩子的個案。在我們的學校會議中，討論的永遠是「孩子」，我們很少討論「班級」。我們總是討論這個孩子如何如何，我們該怎麼去幫他。我們非常少以班級為單位做討論。因為我們知道每個孩子都是不同的，我們應該針對不同孩子的特質去關懷。若只以班級本位去做學校的管理，孩子各自的獨特性就有可能被班級掩蓋而不被看見。

很高興看到智鏞寫的這本書，讓臺灣更多家長、老師能夠重新來思考如何在教育的過程中，看到每個孩子不同的天賦與特質。我特別喜歡的，是這本書針對好幾位成功人士訪談他們的成長經驗，還有他們是如何在求學階段從挫折中發現自己的特質、找到自己的路。這些經驗是我們鮮少從成功人士得知的，所以彌足珍貴。

透過這本書的訪談跟智鏞老師的建議，我相信常為青少年苦惱的爸媽們，能夠比較寬心自在。推薦給爸媽們！

推薦專文

用行動把「不同」轉化成超能力

原斗國小教師、作家　林怡辰

我在體制內教學將近二十年，體制外老師曲智鑛老師的書常在案頭，是我需要常常翻閱提醒自己的重要書籍。

擁有過動特質的曲智鑛老師，長年陪伴小學到成年的特教孩子，在他的分享中，我看到陪伴、彈性和尊重。只是「不同」，但這些不同可能是天賦所在，怎麼樣可以在規定框架中，仍然可以保有看見孩子光芒的識別目光，不強硬改變他們，而是看見他們原本的樣子，找到和自己特質相處的方式，智鑛老師和每個孩子的故事、甚至時光前進，故事依舊不斷的發生更新，後來都發現這些「不同」都是發光所在，那是最重要的亮點，都讓我不斷地咀嚼思考：那麼，在陪伴當中，面對孩子的不同帶來的波瀾，我還可以做些什麼珍視和鼓舞，保有不同和孩子眼中的光？

而《天賦就是你的超能力》就是答案。怎麼陪伴青少年認識自己？從小時，漸漸長成了青少年，面對身體的變化、心靈的變化，到底，我是誰？我喜歡什麼？我討厭什麼？我又該怎麼看待自己？我將何去何從？智鑛老師，用多年陪伴孩子的經驗、專業，用一本書回答了這個問題，對於親師、孩子本身，都是一本篤定相信和給予信心的書，帶來心中的光亮和溫暖。

誠如智鑛老師自身的生命故事，從小過動、總是闖禍和被罵的他，長大投入特殊教育輔導工作，卻深知自己不想考教師甄試，最後創立工作室，陪伴許多特殊需求的孩子，在第一線支持孩子和家長。這路也是一步步走出來的，在這樣的過程中，從第一章青少年發展理論開始，接著深入提煉了十位非典型的專家的故事，之後也點滴分享面對不同特質的孩子，實際有哪些陪伴做法，就連我在國小現場，都可以直接使用，具體且如獲至寶。

而在認識自己的過程中，用生命歷程圖認識、自我對話、正念、意象訓練等，從他人生命經驗覺察到覺醒，書中更有陳界仁、程淑芬、馮勝賢、梁紫祺、林哲宇、蘇仲太、黃育仁、謝智謀、阿果等十位精挑細選的人物專訪，這些名字在頭銜之下，更有不同的成長經驗、用自己的不同發展自己適應的策略等，不管注意力缺陷、過動、自閉、非典型等，更是實證，已經有這麼多道路被踏出證據，開拓出不同生命姿態，相信對於孩子和師長，都能在這些精采的生命故事背後，放下因為「不同」的焦慮，看見「不同」的珍貴，和因為擁有這些「不同」而有的機會和寶藏。

這是一本兼具理論還有證據的情書，寫給那些關心教育、苦惱孩子不同的師長，在理論基礎之下，兼有理性和感性，經驗和方法，撫平那眼淚和焦慮，看見孩子的「不同」其實是天賦，具體行動轉化成超能力，每個孩子都能發光發亮。

堅強。是一件明知不容易的事，仍不畏艱辛，積極的與之抗衡，改變了自己與他人既有的命運。

堅持。是讓一件好的事情能重複不斷的發生。

曲老師不斷透過他的信念，找出其他青少年的天賦，激發出他們的超能力。

——何歡劇團團長　何懷安

他的銷售業績客戶滿意度都名列前茅，一個汽車銷售顧問，為什麼可以和每一個顧客都成為好朋友並分享彼此的樂趣，就連生日旅遊，只要歡樂就少不了要找他？仔細觀察，他其實不是在銷售商品而是熱情、誠懇、和最重要的信任！因為他賣的不是一次性商品，而是一個循環性商品，一個會讓你一直愛不釋手的商品，他就是

「張家銘」。好的勵志故事不會寂寞，很開心透過曲老師的文章可以嘉惠更多人。

——台灣蒙地拿股份有限公司董事長　陳樂維

這是一本既專業又通俗，兼具理論與大量個案實務及名人故事的心靈成長教養陪伴手冊。不論你是正值青春陪伴的成人、體制內外教育工作者乃至正在成長中的青少年，讀來都會受益匪淺。

智鑛憑藉其豐富的諮商輔導經驗，佐以精心邀請多樣態、不同領域的傑出名人分享生命故事，再將這些成長過程中曾經有過的困頓，透過理論的解析，共同淬鍊成燃點生命的源泉，整本書讀來讓人暢快淋漓，反思不斷。

——全人實驗高級中學前副校長、台灣另類暨實驗教育學會理事　阿塗，陳振淦

人們急於完成各種目標與挑戰，卻沒有停下來思考：「我的天命是什麼？要成為怎樣的人？」太多人拿到考卷就開始做——沒留意到自己走錯考場、拿的是別人的考

卷。此書將幫您找到自己天命、發揮出人生百倍效益！

——《內在原力》作者、TMBA共同創辦人　愛瑞克

現在多元化的社會都充斥著如何變成被別人期待的自己：但是很少人會去關注到如何發揮自己的優勢（或者當下看起來是缺陷、其實有可能是特殊能力）來成為更好的自己。但是曲老師的這本書反映了其實目前社會上最需要的事情就是幫助每一個人找回自己的自信。

我相信每一個人來到這個世界上，自己的特殊才能必須透過他自己去體悟（但是如果身旁有一位導師／教練可以去引導會更好），一旦開啟了這大門，每一個人都有機會把他／她的超能力發揮到最強大。感謝曲老師用這樣的一本書把他過去的教導來協助孩子們，讓他們從青少年時期就可以找到他們的超能力＋他們未來的人生使命。就算這些孩子們在年輕的時候沒有機會透過曲老師的教導去找到，也許他們在等到成年時還可以透過「超男計劃」，再去找回他們的超能力也不太晚！

——超男發想人、人生教練　詹斯敦

你曾經想要成為誰呢？或是曾經羨慕過誰呢？我們都曾經有過那段覺得自己不夠好、如果我是誰該有多好的歲月，這樣的想法到什麼時候會消失呢？成為老師後的我，也在陪伴孩子們與每一次對話中發現，我們以為我們在幫助孩子們，但其實我們也正和心底深處的自己對話著，整理著自己看起來平淡或無聊的生活，說服著學生也說服自己，勇敢活出自己。當我們認知到原來我們所羨慕的人只是認真地做自己後，我們也在認知到自己的特質後，才開始用心地投入屬於自己的人生，發揮自己的超能力。

多年來對智鑛的觀察，智鑛就如同自己的書上所說的，找到自己的天賦，並讓它成為獨一無二的超能力。這本書從青少年心理學出發，從許多的故事中告訴我們天賦是如何被發展的，讓每個生命都能展翅高飛。

——瑩光教育協會理事長　藍偉瑩

目錄

第一部　青少年身心發展理論與應用

在教育輔導工作中，常會遇見迷惘焦慮、急於認識自己的青少年，以及正在和身邊青少年搏鬥的家長與教育工作者。我常開玩笑說，青少年就像是《魔戒》電影中的半獸人一樣，半人半獸的混合也意味著某種正在變態的歷程。究竟該如何看待這樣特殊的時刻？我們可以試著從青少年的身體和心理變化，以及發展心理學家的研究整理出自我認識的密碼。

第二部

我只是比一般人更努力：認識自我，發揮個人優勢

每個人都是獨一無二的，有著不同的先天特質，在不同的環境成長。
於是都有了獨門絕招，都有自己擅長的事。
我們該如何發掘這樣的優勢？就從認識自己的特質開始。

第三部

不一樣也沒什麼大不了：了解自我特質，突破局限

他們和一般人有點不一樣，
但是他們在成長過程中對自己有足夠的認識，發揮個人特質的優勢，
努力打破不一樣帶來的限制，成為專業達人，成就最好的自己。

第四部

認識與發展自我的練習方法

認識自我的能力是可以培養的，在成長過程中鮮少有人會直接聚焦這個主題有意識的學習，大多數人在不知不覺中成熟，隨性的長大，甚至有人直到年紀很大了才發現根本不了解自己。希望藉由這個單元所提供的方法工具與實務經驗能更有效的協助讀者認識自己。

作者序

每個人都有超能力！

我們無法在這個世界上找到兩個完全一模一樣的人，每個人都是獨一無二的，都有自己與生俱來的特質。就像一組密碼一樣，成長的過程中通過一次又一次的嘗試與經驗才能破解。我喜歡什麼？我不喜歡什麼？我擅長做什麼？我又不擅長什麼？我有什麼樣的特質？

這些關於「自我」的描述需要耐心拼湊，答案也會隨著時間而改變。自我認識是每個人一輩子重要的課題，長大的過程有時候會不小心陷入泥淖中動彈不得。面對這些掙扎和挑戰，我們可以做些什麼？有沒有什麼方法是可以依循的？如果這個能力這麼重要，為什麼沒有人會刻意教我們怎麼做？就像學習語文、學習數學那樣？認識自己有沒有一套系統性的方法？如果有，那會是什麼？

書寫本書讓我有機會試著回答這些問題，從不同人的成長經驗梳理關於認識自我的策略，藉由認識找到力量和方向，發揮自身潛能，透過這些人的生命故事幫助我們找到關鍵密碼。

為什麼需要認識自己？

在TED的演講稿中，我曾經寫下：

「在許多演講場合，我通常會用這張照片來介紹我自己。我們的幼兒園每個星期都會選一位學生，頒給他好寶寶的獎勵，但我讀了三年的幼兒園只得到過一次。從小，我大多數時候都是麻煩製造者，常常和同學起衝突，也是老師眼中非常令人頭痛的學生。注意力缺陷過動的特質對我的影響非常大，也讓我養成許多獨有的生活習慣，像是我出門都不帶雨傘、水壺、鉛筆盒，因為這三項物品帶出去後，永遠找不到在哪裡，從小丟掉的次數不計其數。

「面對學習，我一直到高中才逐漸找到適合自己的策略和方法，這些策略也延續到我的工作，有紀律的在學習和工作上設定斷點，有意識地轉換自己思考的題目，有助於我長時間有品質的工作。而擁有像是特斯拉一樣的快充功能是我的優勢，每天可以從睜開眼睛忙到閉上眼睛，晚上十二點多睡覺，隔天早上仍然五、六點自然醒。大學的時候可以參與兩三個系隊、修兩個系的課程，一個學期三十多個學分，當系學會會長和學校的幹部，畢業後同一個時期可以做兩份全職工作，同時讀博士班。我很清楚的知道，我絕對無法當公務員或坐辦公室，那絕對會讓我瘋掉。

「好寶寶」是我演講時常用來介紹自己的圖片。

「所以我認為，每個人都需要對自己有足夠的認識，在成長的過程中弄清楚自己的使用說明。每個人都是獨一無二的，每個人的使用說明書絕對不會像你買的電器產品一樣一成不變，每隔一段時間都會更新，因為這個世界每天都在變，我們也每天都在經歷新的人、事、物。這些新的經驗融入，讓我們有機會不斷地更新。」

就像正向心理學中談到的成長型思維與固定型思維的差異，成長型思維告訴我們大腦可以重塑，我相信每個人只要願意，今天都可以比昨天更好。

很多人會好奇，是不是因為我有注意力缺陷過動症才念特殊教育和輔導？勵志的故事劇情都是這樣寫的，小時候因為受盡委屈和困難，所以立志當老師，改變臺灣的教育，拯救和自己有一樣困難的孩子。但我真的不是這樣。

十八歲的我填錯志願，上了國立臺北教育大學特殊教育學系，上了當時導師蔡克容老師的普通心理學後愛上心理學，當時學校只要跟心理學有關的課程我全都選修了。對我來說，心理學是幫助我認識和梳理自己的工具，也為日後的輔導工作奠定重要的專業素養。我非常喜歡心理學家榮格說的一句話，「每個人生命中都有非常多有意義的巧合」，我覺得自己讀特殊教育、讀心理輔導是非常有意義的巧合。

大學的學習非常快樂，是我第一次體會到學習的快樂，這樣的快樂發自內心，不是為了考試，不是為了分數。大學四年我修了近兩百個學分，每天都過得很充實。但讀的書越多，卻讓我越發對教師甄試這個制度產生懷疑。

當年的我給自己兩個限制：不考試、不讀特教所。我不覺得考試能評價一個教師的素養，如果要工作，我不會選擇「考教師甄試」當老師。如果要再進修，我希望能跨領域，不要只專研單一領域。研究所畢業時，思考著自己的下一步。當時因為已經開始輔導個案，也發現體制內外存在著不少的輔導需求（和問題），我想給自己幾年的時間做自己理想中的教育，大不了最後回去考教師甄試，當特教老師，於是我創立了陶甕特殊教育工作室。

大膽作夢，勇於追夢，並設立停損點

工作室稍微穩定後，在好朋友的邀請下，我認識了均一教育平台的創辦人方新舟董事長，當時基金會正在尋找一位能跨年段錄製數學課程的老師。當時的我，在課堂上是不需要科技輔具的。

參與均一教育平台曾經讓我想放棄工作室。在基金會的第三年，兩份工作讓我有些喘不過氣。加上平台的規模與影響力持續擴大，肩膀上的壓力與日俱增。正當自己迷惘時，在一次與方大哥的對話中，他告訴我：「教育工作是無法比較的，不管幫助一個孩子或是幫助一群孩子，都一樣重要！」聽完後，我就決定辭去平台的工作，專心在特教輔導工作上。所以面對選擇時，也可以試著和身邊的智者討論。

畢業後，我相信我的家人一直沒弄清楚我到底在忙些什麼。一直到二〇一六年得到《親子天下》、遠見天下文化基金會、《關鍵評論網》、溫世仁文教基金會等單位的肯定，才讓我的工作型態得到認可。

在教育工作上，我的實踐基地除了臺灣以外，也拓展到了對岸的一線城市，疫情爆發之前幾年，我每個月搭飛機的次數比搭臺北捷運和公車的次數還多；此外，我也協助臺大電機系的葉丙成老師辦理臺北市無界塾實驗教育機構。我很高興，經過這些年的努力，我走出了一條我獨有的道路！就像魯迅所說的，「本來沒有路的，走多了也就成了路！」

人生是一連串選擇的過程，很多人都以為高中英文課本中 The Road Not Taken 想講的是鼓勵大家在人生的道路上選擇人跡罕至的道路。但事實並不是如此，無論你選擇看起來有路的道路，或者是看起來沒有路的道路，只要用心，不同的體驗會帶來不同的感受和收穫，也成就每個人不同的人生。我覺得每一個選擇都很好！只要清楚知道自己為什麼這樣選？就沒有什麼好後悔的，而不後悔的基礎是對自己有足夠的認識。

你，到底在追求什麼？

心理學家馬斯洛所提出的需求理論，大家一定都不陌生。只要是讀教育和輔導的人，大學期間絕對在教科書上看過這張金字塔圖。但其實馬斯洛本人的研究並沒有用金字塔來呈現人的需求，而是管理學領域在詮釋需求理論時對馬斯洛理論的詮釋。

需求理論可以幫助我們思考人生到底在追求什麼？是安居樂業，還是自我實現？當年我在看這個金字塔時，就有滿滿的困惑，為什麼生理需求、安全需求是底層需求？為什麼自我實現的基礎是底層需求的滿足？

近代的美國認知科學家史考特（Scott Barry Kaufman）用在海中航行的帆船來解釋馬斯洛的需求理論，我認為更接近我對「需求」的理解。我們就像這艘帆船一樣，生活就像大海，船體本身是自尊、連結與安全，船帆影響的是方向，目標、愛與探索牽動著人生的選擇、行動和成長。而所謂的追求自我實現（巔峰）是動態的，是一種歷程，而不是終點。

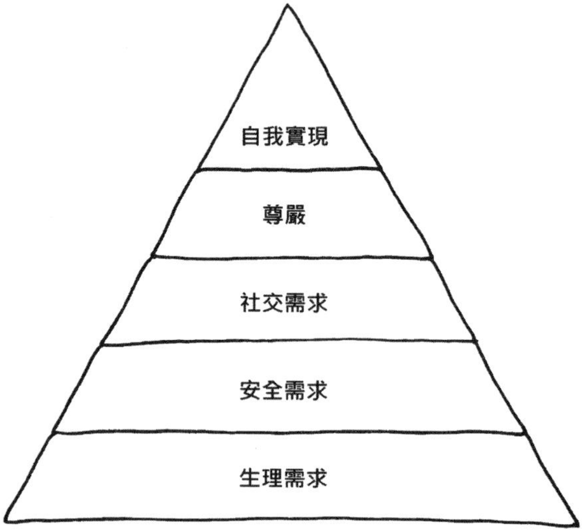

▌馬斯洛的五大需求圖

成為你自己！不用成為那個不是你的你，你只需要成為真正的自己。認識你自己，成為你自己。你認識你自己嗎？你記得你是怎麼認識自己的嗎？在閱讀本書的同時，請試著不斷的與自我對話。

每個人都可以當超級英雄

在一次討論中有孩子問：「曲老師，什麼是做自己？」

我心想，「這一題還真不好回答！」

我相信努力成為最好的自己，每

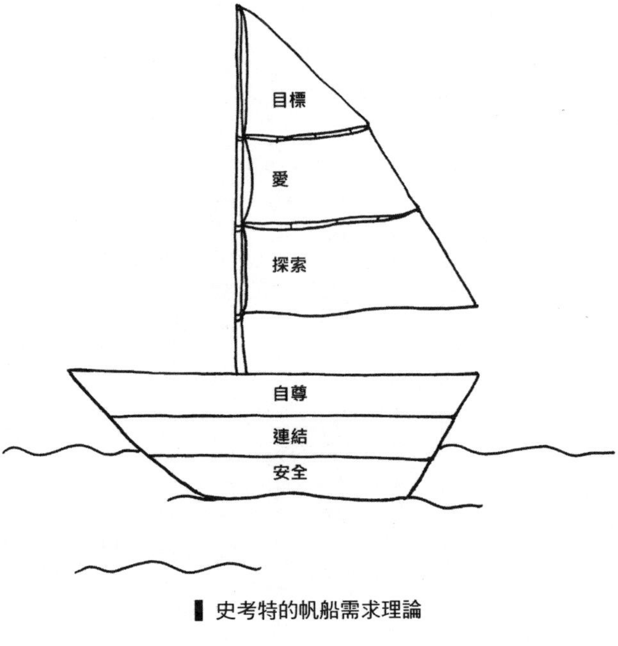

▌史考特的帆船需求理論

個人都可以是超級英雄！每個人都有與生俱來的超能力，在成長過程中，這些能力也可能隨之改變。如何成為最好的自己，首先需要知道自己是誰？問問自己，我有什麼超能力？透過行動和別人的回饋關照自我。

為什麼我會訪談陳界仁、程淑芬、馮勝賢、梁紫祺、林哲宇、蘇仲太、黃育仁、謝智謀、阿果呢？這些參與者是我精挑細選的：有的人在成長過程中找到自我，憑藉著努力發揮自己的優勢；有的人因為自己的不一樣，發展出屬於自我適應環境的生存策略，走出一條獨有的人生道路。無論是一般人，或是注意力缺陷、過動衝動、自閉，或者是非典型的學習者，他們每一位因其特質的不同，生命經驗的不同，可以提供讀者不同深度且多元的參考。我相信，青少年能從他們的生命故事中找到力量和努力的方向，家長和教育工作者也能重新整理自己，看清楚孩子成長過程中真正重要的事。

第一部

青少年身心發展理論與應用

在教育輔導工作中，常會遇見迷惘焦慮、急於認識自己的青少年，以及正在和身邊青少年搏鬥的家長與教育工作者。我常開玩笑說，青少年就像是《魔戒》電影中的半獸人一樣，半人半獸的混合也意味著某種正在變態的歷程。

究竟該如何看待這樣特殊的時刻？我們可以試著從青少年的身體和心理變化，以及發展心理學家的研究整理出自我認識的密碼。

第一章

青春期的身心特質

每個人都有與生俱來的天賦，這是我們一生下來就擁有的，成長過程中，接受家庭教養、大環境的教育，我們每個人的能力以不同型態開展，先天的特質在後天環境的薰陶下轉化成個人獨有的風貌，而整個歷程中最具挑戰性的是十二歲到十八歲，所謂的青少年時期，也就是大人們最擔心的青春期。

從受訪者的生命經驗可知，與生俱來的特質對他們的生活造成實質影響，而這些特質的影響通常在青少年時期被放大，為「自我」與「環境」帶來擾動。如果能把青少年時期的身心變化掌握得更好，我們就能用更平和的態度面對這些挑戰，也更清楚知道在這個階段，我們可以如何陪伴他們完成這個階段任務和使命。

青少年的身體發育

青少年的英文Adolescene，源自於拉丁文的*Adolescentia*，原意是成長到成熟的意思。進入青春期後，隨著性賀爾蒙的分泌增加，身體也會開始產生一連串的快速變化，這個時期身體會快速發育生長。除了身高、體重、骨骼、生理系統、體能的發展外，也因為內分泌和自主神經系統活動旺盛，使得青少年容易衝動，情緒起伏有較大的波動。第二性徵是身體成熟的印記，男生的聲線產生變化、喉結凸出、長出體毛和鬍鬚，而生殖器逐漸成熟。女生的身高體重開始增加，全身皮下脂肪增加，乳房、臀部會積聚脂肪，體型變得比較渾圓，開始有月經。

面對身體的改變，有些青少年會感覺不自在，變得沒有自信。因為每個人的發育速度不同，每個青少年也都是第一次經歷這樣的狀態，使得身體變化影響到心理。此時最重要的，是要讓青少年們知道這些改變是正常的，每個人的發展速度不同是正常的，讓青少年能坦然面對這些變化與不同。

青少年的心理特質

簡單來說，青少年期是從幼兒轉變為成人的過渡期，這是一個歷程，當中的關鍵，是個體能否擺脫兒童時期的依賴性，成為一個能自立的成人。這樣的轉變不只是心理的，身體也會隨著年紀增長而變化，像是第二性徵的出現，也讓每個人開始意識到現在的自己和過去不一樣。

從本書受訪者的生命經驗可以印證，青少年時期對於一個人的生命歷程有決定性的影響，青少年時期是建立自我概念的重要時期，而自我概念是在個體與環境互動下建立的，重要他人對個體自我概念的發展有重要的影響。自我概念是透過他人間接對自身行為表現的主觀知覺與評估，對自己的看法、態度、感情的綜合評價。同時也會隨著個體成長，社會化以及他人的互動歷程而改變。

對於他人而言，青少年通常會和不聽話、叛逆、特立獨行等標籤劃上等號。之所以如此，是因為每個人在這個階段都在努力的弄清楚「我是誰？」、「我想要讓別人看見怎麼樣的我？」轉換、轉變（Transition）是青春期的重要特徵，就像昆蟲的變態一樣。

青少年因為認知能力的發展，使得他們對自我和他人的意識有所提升；而抽象思考能力逐漸成熟，也讓青少年開始能透過自身的思想和觀點來定義自己，想像自己未來可能成為什麼樣的人，現在的選擇會帶來什麼樣的影響。

青少年對於理想自我的追求會讓他們選擇拋棄或抗拒自身某些與生俱來的特質，遠離那個不喜歡的自我，同時會盡可能藉由表現出和理想自我接近的行為讓自己感覺舒適。這樣的歷程同時伴隨著反抗他人對自我的定義和期待，這也是為什麼青少年時期容易和父母老師衝突的原因。

青少年時期開始尋求自己的身分角色（Identity）定位，他們往往會改變自己的外貌打扮，嘗試從事不同的行為，扮演不同的角色身分，從中找出最適合自己的角色。當然，研究也發現「環境」對青少年身分角色發展是有直接影響的，青少年時期的選擇也會影響到以後的生活，能在這個時期養成高度的自覺和自尊有助於成年時期的發展。

第二章

青少年心理發展的重要理論

許多學者專家曾提出對青春期的看法，像是發展心理學家艾瑞克森（Erik H. Erikson）在人格發展理論中提出青少年期正經歷關鍵的自我統整與角色錯亂的危機、哈維斯特（R. J. Havighurst）認為青少年需要在自我、人際和價值觀等方面完成任務發展……。綜觀青少年時期的相關理論，大致可以區分為兩類：第一類是青少年的身心發展，第二類則是與青少年的發展任務有關，前者可以作為了解青少年身心發展的依據，後者則是了解青少年發展的目的。

青少年心理學之父史丹利．霍爾（Granville Stanley Hall）認為，青少年時期是人一生發展的關鍵期，會面臨壓力與衝突，壓力源於生理上的快速發展以及心理上的需求，造成他們在情緒上不穩與外在行為的矛盾。不過，此一時期也是再生期，需要以愛來撫慰他們。青少年在生理與社會層面全面性發生變化，變得比兒童期更為複雜。

霍爾的復演論觀點

以下先簡介霍爾的理論。

霍爾是教育心理學的先驅，是美國第一位心理學哲學博士，是美國心理學會的創立者，並曾為該會的首屆主席。他擴大了心理學領域，特別重視發展心理學與教育心理學的研究，是發展心理學的創始人。在發展心理學上，他採取「適應」和「實用」的觀點，強調發展心理學的重要性。

霍爾在一九〇四年出版的《青春期》（*Adolescence*）中提出復演論（recapitulation theory），特別重視青春期階段狂飆期的行為。他認為出生前胚胎期像蝌蚪形狀，代表人類最初在水中生存的時期；嬰兒期的爬行動作代表人類進化的猿猴時期；青年期情緒不穩定代表人類進化的混亂期，成年後身心成熟代表人類進化的文明期。按復演論的解釋，人類個體自幼到成熟的成長歷程，正代表人類自原始到現代整個進化階段之重演。霍爾認為人類的成長歷程乃在復演人種進化的歷程。個體復演的歷程包括以下四個階段：

一、**原始社會**（嬰兒期，出生至四歲）：原始蠻荒社會，重感官與動作的探索。

二、**狩獵社會**（兒童期，五歲至七歲）：狩獵時代，喜歡遊戲活動、充滿幻想與冒險。

三、**農牧社會**（少年期，八歲至十二歲）：農牧社會，技術學習與常規訓練最為重要。

四、**現代社會**（青少年期，十三歲至二十四歲）：現代社會，充滿不安與衝突。

霍爾認為，青少年狂飆期使得這個年紀的孩子常處於矛盾與衝突，他們內在正經歷重大改變，一下歡樂興奮，一下憂鬱悲傷；一下活力熱情，一下冷漠無聊。他的研究在那個年代讓政府與學術界開始重視青少年的發展，讓人們對於青少年的狀態有新的詮釋方法，使得一般人較能理解青少年的行為。

霍爾相信，人類是經過物競天擇、適者生存的歷程，從較原始的生命型態演化而來。個體的成長復演著物種的發展，意指個體的成長與發展反映或相似於物種的演化史。大人在理解青少年時，無論在自尊、自我概念、自我認同、人際互動上，都可以從「適者生存」的觀點思考。

佛洛伊德對青春期的看法

奧地利心理學家西格蒙德．佛洛伊德（Sigmund Freud）在一八九六年提出精神分析論，對人格結構與人格發展提出了系統解釋，在心理治療方面，以自由聯想與夢的解析來了解患者潛意識中的內容，認為精神疾病的成因主要是由於長期內在心理衝突所導致的情緒困擾。這些情緒困擾並非起於當時現實生活的困難，而是六歲以前幼年期生活的痛苦經驗積壓所致。佛洛伊德的精神分析法就是採取分析幼年的生活經驗藉此找出人格異常的原因。

佛洛伊德認為人類在十二歲後會進入生殖期，也稱為兩性期。這個時期個體性器官漸漸成熟，兩性在生理上與心理上的特徵，開始出現顯著差異。青春期在賀爾蒙分泌和性器官成熟的影響下，使得性的本能復甦，讓大多數的人對「性」產生好奇，對異性產生興趣，開始有愛慕的對象，投入更多時間在友誼、交往、親密關係相關的活動上。逐漸產生兩性生活的理想與婚姻家庭的意識。

皮亞傑的認知發展理論

尚．皮亞傑（Jean Piaget）是近代重要的發展心理學家，他最著名的學說是把兒童的認知發展分成感覺－動作期（〇到二歲）、前運思期（二至七歲）、具體運思期（七至十一歲）以及形式運思期（十一歲以上）四個階段。

其中十一歲到十六歲的青少年已經進入形式運思期（Formal Operational）。形式運思期開始有類推的能力，具有邏輯思維和抽象思維，開始能對道德價值提出批判、時間觀念擴大、具有綜合再創新的能力。因此，青少年在邏輯思考與解決問題時可以運用抽象思考的能力，較有系統地處理假設情境與解決問題。但是有一點需要注意的是，他們會依情緒的好壞而對人、事產生直接反應。

班杜拉的社會學習理論

以社會學習論知名的加拿大心理學家阿爾博特．班杜拉（Albert Bandura）認為人類的學習是個人與其社會環境持續交互作用的歷程。人類的行為大多經由學習而來，個體自出生就無時無刻、不知不覺中學習他人的行為，而這一連串的學習活動，所涉及的刺激反應，都是社會性的，所以被稱為社會學習，而這種學習又是個體習得社會行為的主要途徑。

班杜拉強調，單是環境因素並不能決定人的學習行為，除環境因素之外，個人本身對環境中人、事、物的認識和看法，更是學習行為的重要因素。社會學習論強調在社會情境中個體的行為因受別人的影響而改變。

班杜拉以觀察學習（observational learning）與模仿（modeling）兩個概念來解釋個體行為如何受別人行為影響而改變。觀察學習並不限於個體藉由觀察別人行為表現方式而學到別人同樣的行為，在某些情境之下，只憑見到別人直接經驗的後果，亦可在間接中學到某種行為。模仿是指個體在觀察學習時，對社會情境中某個人或團體行為學習的歷程，模仿的對象則稱為楷模（model）。

班杜拉提出觀察學習包含：注意階段（attentional phase）、保持階段（retention phase）、再生階段（reproduction phase）、動機階段（motivational phase）等四個階段。在觀察學習時，個體必須注意楷模所表現的行為特徵，並了解該行為的意義。當個體觀察到楷模的行為後，將觀察所見轉換為表徵性的心像，把楷模行動的樣子或表徵性的語言符號記下來，保留在記憶中。接著個體對楷模的行為表現觀察後納入記憶，再將楷模的行為以自己的行動表現出來。個體在整個歷程中不僅透過觀察模仿從楷模身上學到了行為，而且也願意在適當時機將學得的行為表現出來。

青少年是相當在意他人眼光和受同儕影響的，從社會學習理論可知重要的學習策略是觀察與模仿，觀察與模仿視為社會學習的歷程。社會學習理論中提到，學習、環境、個人認知狀態都是影響青少年發展的重要因素。

第三章

與青少年發展任務有關的理論

學者因為關注重點不同，會關注青少年身心發展的不同面向，但可以肯定的，是青少年正經歷身體與心理的快速變化，認知理解能力與思考能力較兒童期有所突破，同時因為身心狀態的變化讓他們更在意外界他人的眼光，更容易受到同儕的影響。

發展任務（Development tasks）指的是由一個時期過渡到另外一個時期所必須完成的階段性目標，通常是學習或訓練。以下簡介幾位重要的專家學者對於青少年各種發展任務的看法。

艾瑞克森的心理社會發展論

德裔美籍發展心理學家與心理分析學者艾瑞克森的心理社會發展論（The Theory of Psychosocial Development）將人的一生分為八個階段，每個階段都有需要完成的目標，若任務沒有完成個體將陷入混亂出現心理危機。

心理社會發展理論的基本原則大約如下：心理社會發展是連續而累積的，是有次序性及階段性的。前一階段的發展會影響下一階段的能力。心理社會發展橫跨一生中的各種不同發展議題。心理社會發展主要反映在發展任務上，不同階段主要關心的是該階段發展任務的內涵。

處在第五階段（十二歲到十八歲）的青少年將面對自我認同（identity）與角色混淆（role confusion）的課題，在這一個階段，青少年需要建立自我統合和防止統合危機。

艾瑞克森所謂的自我統合，其實指的就是個體的自我認同，是一種個體尋求內在合一的持續性狀態。所謂合一和持續的感覺，要與個人所在的環境相配合，當個體在面對外界環境刺激時，要能統整過去經驗留存的感覺、當下的感知與未來的期望，接受自己與自己身處的環境與團體。發展順利的人則有明確的自我概念和自我追尋的方向，反之則會呈現出生活無目的、容易感到徬徨迷失與焦慮。

青少年的認同危機是所有階段最重要的，而且自我認同這個主題其實貫穿整個生命歷程。艾瑞克森認為人一生的心理社會發展就是在尋找、確認並完成自我建構的過程。

青少年的七大自我認同任務

艾瑞克森認為，青少年的自我認同任務可以分成七個面向，分別是：對時間有清楚的認識、自我肯定、角色嘗試、有效完成工作、性別角色認同、領導與服從、以及價值觀的形成，以下更深入地談談這七個面向的任務。

一、對時間有清楚的認知：許多青少年遭遇認同危機是源自於他對時間缺乏清楚的認識，舉例來說，時間是不可逆的，有些問題也不會隨著時間的流逝而被帶走，過度沉溺於過去的成就和光環，無法把目光和時間放在正在進行的任務上，這些都是因對時間觀的理解有誤、不成熟的自我認同。

二、**自我肯定**：有些青少年會過度在意他人的看法，有些青少則過度忽略他人對自己的看法。無法有效整合和平衡自己對自己的看法以及他人對自己看法的人容易陷入自我肯定的困難，容易產生自我懷疑。

三、**角色嘗試**：青少年時期應該多元的嘗試不同角色的可能性，體會不同角色的任務，避免固定在單一角色，因為過早定型容易讓孩子欠缺彈性，對於適應未來多變的世界可能會產生困難。

四、**有效完成工作**：青少年要有能力完成工作，完成工作會帶來自信，讓青少年肯定自己的能力。若缺乏堅持與毅力容易讓青少年變得一事無成，沒有自信。

五、**性別角色認同**：青少年需要體認到社會規範的性別角色與責任，能自在的和不同的人相處。

六、**領導與服從**：在民主社會中，青少年需要練習領導，培養自己的領導能力。也需要學習被領導，而不是盲從。

七、**價值觀的形成**：在青少年時期要開始思考人生哲學、自己的價值觀、理想或是信仰。缺乏信念的青少年容易因生活沒有重心隨波逐流、搖擺不定。

哈維斯特的青少年發展任務

另一位重要的青少年發展理論學者哈維斯特，他的發展任務論（The Theory of Developmental Task）將人的一生分為六個時期，每個時期都有符合社會期待的課題與任務。每一階段任務的達成都會成為下一個階段的基礎。

十二歲到十八歲的青少年位於發展任務的第三個時期，這個時期總共有十項發展任務：

一、**接受自己的身體與容貌**：身體器官與情緒表達趨於成熟，能接受自己身體方面的變化，按照自己擁有的條件去表現自己。

二、能適當地扮演性別角色：表現出屬於自己性別角色的社會行為。

三、能擁有和諧的人際關係：要能與同儕建立和諧的人際關係。

四、情緒表達能趨於成熟獨立：情緒趨於獨立，不再什麼事都要依賴父母或其他成人的保護。

五、能夠為就業做準備：能選擇自己有興趣的職業，並投入學習，為將來做就業準備。

六、能夠為婚姻與家庭做準備：開始考慮選擇對象，並為將來婚姻預備

七、能夠為自己的行為負責任：願意參與社會事務，並在行動中表現出為自己行為負責的態度。

八、能夠建立自己的價值觀：對於自身的行為開始有自己的價值觀念與倫理標準。

九、建立經濟獨立的信心：開始建立經濟獨立的信心，即使現階段還無法達到完全經濟獨立，但對於自己未來的經濟能力有不依賴他人的信心。

十、達到現代公民的標準：在知識和能力方面都達到成為公民的標準。

青春期發展時會出現的問題

在賀爾蒙分泌的影響下，與生俱來的特質很有可能被放大，也容易讓個體失序。對於正處於青春期的孩子，家長和陪伴者要協助他們練習接納自己的不穩定，讓他們清楚自己內在的運作機制，有意識的覺察自己正在長大，這樣一來，他們就比較不容易感到慌張、甚至陷入焦慮。

要知道，青春期是我們每個人的必經之路，青少年的身體開始產生變化，思考能力比小時候更成熟，能處理更複雜的問題，青少年開始有自己的想法，有自己的選擇，希望替自己決定，可以得到大人們的認可，希望自己被當成大人對待。不要忘記，這個改變的歷程，周圍的大人也需要跟著調適，因為這個適應期通常伴隨著對抗。孩子小的時候，這些能力通常都是大人代理的，青少年會有把這些權利收回來的動力，大人們就需要跟著改變。青少年會更在乎他人的眼光，這是自我認同的重要歷程，他們希望自己在別人面前是完美的，是受別人認同、被別人喜歡的，這個時期，個體的行為、思想、感受也更容易受到同儕的影響，他們會藉由「模仿」來知道自己是誰？什麼不是自己？青少年在知道自己是誰以前會有一段模仿期，這段時期的青少年有可能會誤以為別人喜歡的就是自己喜歡的，別人不喜歡的就是自己不喜歡的。隨著經驗的積累，他們才會漸漸明白，別人是別人，而我是我。

青少年有許多任務需要完成，但有時候與生俱來的特質和個性真實的影響他們在面對這些任務時的挑戰。舉例來說，自閉症特質的人在社會性互動上存在著一定的困難，他要能夠有好的人際關係發展就需要更多的刻意練習，換句話說，他在這個發展任務上比其他人有更大的困難。注意力缺陷過動症特質的人在執行功能上有所缺損，在時間的掌握和組織能力方面就會比其他人更受挑戰。

心理學家認為，青春期的任務沒辦法如期完成，對人生的發展會產生重大影響。青春期的發展任務除了要能形塑自己的價值觀，具備足夠因應這個世界的解決問題能力，在這樣的過程中完成自我統整和建立自信心。如果因為先天特質讓有些人在發展任務完成上受限，那他們在成長過程中需要如何自處？發展什麼策略是重要的？又需要開展哪些能力？其中的關鍵元素是什麼？我們可以從本書受訪者的生命經驗中找到答案。

第四章

青少年的自我認同與自我揭露

在青少年心理發展中，自我認同和自我揭露相當重要。一個人的自我認同感越高，越容易保持心理健康，同時也能擁有正向的心理功能表現，像是幸福感與自尊。所謂的自尊，反映著一個人的自我價值、自我概念與對自己的評價。有許多研究都指出，自尊會影響青少年的心理健康。青少年若無法有好的自我認同則容易產生角色混淆，失去安定感與自我控制力，這樣的認同危機容易造成青少年精神與情緒行為方面的問題。

當青少年面對自己和他人不同，別人是這樣，而我不是這樣的狀況時，什麼樣才是好的？什麼樣才是對的？面對這些成長過程中的疑惑，自我認同就更為關鍵，若能達到自我統整，發展或保有自己的獨特性，才會使人格發展達到成熟的狀態。

我們都知道，同儕對青少年的自我認同有非常大的影響，在面對主流與多數的時候，青少年如何適度揭露，讓別人理解自己的特質，合宜的展現自我是重要的。自我揭露的能力是讓外界認識自己的一種技術，是我們每個人在與環境互動時的一種生存策略。

全世界都在關注自我認同的議題

前兩年的迪士尼熱門動畫《魔法滿屋》探討一個有趣的問題，是不是每個人都有天賦？家族中每個人都擁有不同的天賦，這些天賦就像是每個人與生俱來的各種特質。舉例來說，阿姨擁有控制天氣的能力，媽媽能用食物治癒人的傷病，舅舅具有預言能力，伊莎貝拉能變出各種花朵，露易莎是大力士，朵樂有能聽得到所有聲音的順風耳，卡米洛能變身成為任何人，安東尼奧可以與動物溝通。唯獨女主角米拉貝兒卻沒有任何特殊天賦。

當你在一群人當中不那麼顯眼，你該如何自處？在一個大家族中，你的成就看起來是那樣的平庸，你會如何看待自己？成長過程中，面對自我的期待，面對社會的價值觀，是多麼不容易的事。這樣的狀態可能讓人，尤其是青少年開始討厭自己。然而，我們的人生不需要別人來定義，很多人在茫茫人海中不斷地尋覓接受自己的人，但其實我們最需要的是接受自己，接受自己的特質，接受自己的全部。一旦願意真心擁抱自己，就會擁有更大的力量。在《魔法滿屋》最後，故事中的女主角終於體會出什麼是真實完整的自己，這也是我們每個人成長過程中的必修課。

認識、理解、接納、轉化

當我們更認識自己的特質，能接受自己的與眾不同，甚至在安全的場合揭露自我，都是成長過程中的重要練習。為什麼自我揭露這麼重要呢？其實揭露代表要把原本不被別人知道的事情攤在陽光下，也可以說是把一些秘密公諸於世，這樣行動的基礎是對自我的認識。

每個人都是獨一無二的，面對不同的特質，我們都有可能經歷認識、理解、接納、轉化的歷程。有些人的自我認識源自於和自己對話、源自於生活經驗以及與他人互動。在認識的基礎上才有機會逐步邁向理解，這個階段關於自我的為什麼大部分都能獲得解答。唯有全然的認識和理解，才有機會達到接納自我的境界。

接納會帶來力量，當我們全然地接納自己，就能有行動的力量，這樣的行動在成長過程中多半能帶來轉機，某種程度上來說，也可以說是一種蛻變，是一種變態的過程，就像蝌蚪變成青蛙、毛毛蟲變成蝴蝶一樣，這是一種生命的轉化。

在協助青少年認識自身特質時，可以參考伊莉莎白・庫伯勒－羅斯（Elizabeth Kubler-Ross）提出的「悲傷的五個階段」（The Five Stages of Grief），因為許多孩子在認識自己時，也會經歷否認、憤怒、討價還價、沮喪和接受，尤其是當孩子要面對自我特質與環境中的其他人很不一樣的時候。

第一階段：否認或隔離（Denial & Isolation）：面對自己與他人的不同，很多孩子會先否認，並企圖把自己隔離起來，其實這是一種心理的防衛機制，孩子寧願選擇掩蓋事實，也不想要面對真相，不希望承認自己和別人不一樣，不願意被貼上與眾不同的標籤。

第二階段：憤怒（Anger）：但當事實擺在眼前，孩子知道無法再欺騙自己時，就會從否認的狀態走出來時，但因為接受現實的痛苦會帶來很大的衝擊，很多孩子會將內心的挫折投射到他人身上，當然也有人會投射到自己身上。接著可能就會開始自怨自艾、怨天尤人，甚至對自己生氣。

第三階段：討價還價（Bargaining）：當憤怒過後，想法可能會有些改變，我們通常會努力讓結果不那麼壞，有時也會跟上天祈求（討價還價），讓壞結果不要那麼快到來。舉例來說，孩子可能會這樣想，「我應該不是這樣吧？這個特質只是暫時的，過一段時間就會好了。」認為如果自己再努力一點，就不會是現在這個樣子了。

第四階段：沮喪（Depression）：到了這個階段，孩子需要開始面對現實，了解討價還價沒有用，內心的痛苦會再次來襲，而且這次是更真實的衝擊內心，因為沒有什麼理由可以逃避。這個階段的孩子會變得比較脆弱和消極，當然也有人會因此不願意接受自身的特質，選擇持續逃避和抗拒。

第五階段：接受（Acceptance）：這個階段會變得冷靜，內心有機會重拾平靜，走出沮喪和低潮。這都源於接受自身特質和現狀，理解自己並不需要一直受這件事束縛。當孩子學會接納自我，就有機會重建生活的新秩序，開啟自己的新生命。

這五個階段是因人而異的，有些人可能只經歷了其中幾個階段；有些人可能一直困在某一個階段，永遠無法達到接受事實的階段。藉由這五個階段能幫助孩子檢視自身的狀態，尋找因應的方法，幫助孩子重新認識自我，擁抱自己與他人的不同，賞識自己的獨特性。有時候，一個念頭的轉換、一個想法的改變都有可能是接受的關鍵。

協助青少年心靈重建

我身邊有些孩子並不是那麼認識自己，對於與生俱來的特質常倚靠他人的評價來理解。認知失調與調適的歷程通常不會太舒服，從不知道到知道，從不接受到接受，這樣的歷程有人快有人慢。

藉由各種不同的方案和體驗活動，可以讓孩子們對於自我有更多元且完整的認識，透過對話陪孩子們覺察、反思，增進對自我的認識。外在壓力容易讓個體處於變動不穩定的狀態，孩子需要有能力調適壓力、調節情緒，透過這樣的手段校正與平衡。但真正會把人壓垮的是內在壓力！對自己的不滿意，對自己沒有信心，過度的自我否定將讓一個人全面性崩盤。

真正讓他墜落的是對自己的不滿！

有大孩子在晤談時跟我分享他從小就有自己一套交友準則，不喜歡和調皮不尊重人的同學來往，雖然被大家貼上臉部沒有表情、語調平淡的標籤，但因為功課表現不錯，也懂得如何保護自己，在學校即使沒有多少朋友，但人際互動不至於成為他的壓力。

大孩子從小就嚴以律己，自我控制能力非常好，也養成自己自律、甚至有點壓抑的生活習慣。加上過度的完美主義，讓他常常無法在時限內完成任務，因為總覺得做得不夠好。這樣的自我認識是我們穩定對話一段時間後的整理，大孩子更清楚知道自己正在面對什麼。

大孩子需要的不是對抗，對抗那個追求完美的自己；他需要練習接受，接受完美主義就是他的一部分，而這部分真真實實的影響著他。他內在的六十分，很多時候已經是普世價值的九十分。是的，他不是那麼在意其他人的標準。他需要接受那種無法成就完美狀態的失落感，不要再一次又一次指責那個做不到完美的自己。接納自己的完美主義需要時間，或者也可以說，接受自己的不完美需要時間。

自我揭露是一種自我剖析

自我揭露是自我認同的重要指標。因為真正的勇敢是接受自己的原樣，之後才敢於露出真實樣貌，並努力獲得他人理解。

自我揭露就是試著讓別人認識自己，而要讓別人認識自己，最基本的就是先要對自己有一定程度的認識。自我揭露不只是和他人分享心事，自我揭露是一種自我剖析，讓別人知道自己的狀態，自己為什麼會有這樣的狀態，而這樣的狀態對於自己的影響為何。自我揭露不是合理化自身不當行為的藉口，自我揭露的目的也不是要博取他人的同情，自我揭露是讓別人更認識自己，更清楚地掌握彼此互動的方式。

以青春期來說，自我揭露往往跟自我概念和自我認同有著密切關係。青春期的孩子藉由分享與揭露和他人及環境互動交流，而別人的回饋正是幫助他們澄清與辨識的工具。

周哈里窗（Johari Window）這個理論是由美國社會心理學家喬瑟夫・魯夫特（Joseph Luft）和哈利・英格漢（Harry Ingham）在一九五五年提出，由兩人名字的前兩個字母命名。周哈里窗是在探討自我認知和他人對自我認知之間在有意識與無意識間形成的差異。這樣的差異可以分割成四個象限：第一象限是自己和他人都了解的自己；第二象限是他人了解、但自己不了解的自己；第三象限是自我有意識的在他人面前有所保留，也就是他人不了解、但自己了解的自己；第四象限是他人和自己都不了解的自己，也就是所謂的潛意識。

這個理論被應用於企業領域裡的組織動力學中，它很好的揭示了自我認知和他人認知之間的差異，可以幫助我們透過調整和改善自我與他人之間的互動關係，進而改善工作氣氛，提高工作效率。換句話說，在群體中，我們適度的揭露自我，透過坦誠相待，向他人分享自我保留的部分，可以消除人與人之間因為認知差異帶來的誤解。藉由他人給予

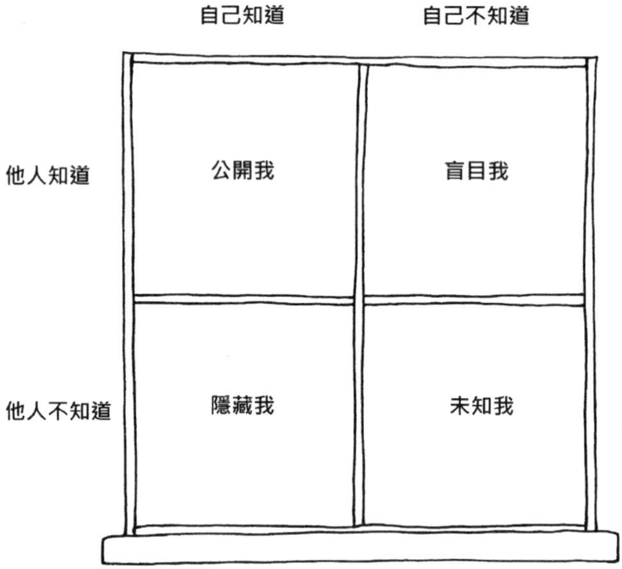

周哈里窗的四個象限

自我評價時，也可以幫助我們檢視自己平時所忽略的，讓我們有機會更好的了解自我，縮小第二個區域的面積，增加第一個區域的面積，使他人了解但自己不了解自己的部分能變少，自己和他人都了解自己的部分增加。與他人互動是幫助我們自我檢視的機會，增加自我認知。讓自己和他人都了解自己，有機會幫助自我與他人創造更好的交流環境。

自我揭露可以減少誤解

自我揭露之所以重要，是因為很多衝突其實源於不理解，舉例來說，面對一個沉默寡言的人時，我們第一時間經常會覺得他很冷漠，或可能認為他很高傲。但真正相處過後才知道，他其實只是比較內向，不擅與人交際，在人際互動上不夠主動，但他做起事來非常認真細心，只要是他負責的事情都能夠面面俱到。

人很容易被第一印象誤導，甚至對於人的特質過度解釋。簡單的說，就是以偏概全，如果只用單一特質來評價一個人的全部，往往容易流於偏頗。也因此，在團體中，我們要如何更快速的讓他人認識真正的自己，或者想要在他人面前建立什麼樣的形象，自我揭露就會是一個很好的策略。主動說一說自己的過去，自己平時喜歡什麼？不喜歡什麼？會排斥什麼樣的情境？習慣怎樣跟他人互動？自己的個性如何？自己擅長做什麼事？不擅長做什麼事？自己有哪些特質？這些特質又對自己有什麼樣的影響？很多人都有逛動物園的經驗，動物園內每一種動物都有清楚的簡介說明，上面不外乎是學名、品種、生活習性、外表特徵……等，自我揭露就是讓身邊的人認識自己的簡介以及使用說明。當別人更加認識你，平時相處互動時的摩擦就有可能減少，合作也有機會變得更順暢。

青少年自我揭露容易出現的問題

不過自我揭露也需要小心，如果揭露技巧不好也可能帶來反效果。舉例來說，在不對的場合過度揭露自己，可能會讓人覺得你很奇怪，為什麼要跟他說這些，反而招致他人的反感。舉例來說，剛到一個新的班級，同學們彼此都還不熟悉，就直接說出自己家世背景如何顯赫或是過去的豐功偉業，這樣一來，別人可能會認為這是個自傲或自滿的人。要小心，分享與炫耀有時候只有一線之隔。

當然，自我揭露也不要變成像是在為自己找理由，合理化自己不對的行為。例如，經常性忘記帶東西，就跟對方說「因為我有注意力缺陷過動症」；在不對的場合亂說話，傷害到別人，就說「我有自閉症，不擅於社交」。這些狀態看似合理，但我們不能忽略因為自己的狀態所造成的傷害。

對青少年來說，自我揭露並不容易，主要的原因是青少年很多時候並沒有那麼了解自我，加上太在意他人眼光，在群體中容易過度尋求被他人認同，為此變得不敢表達自己的意見，不願意展現真正的自己。很多人的自我其實源自於重要他人的期待，這個期待讓許多人不敢以真面目示人，靠著偽裝辛苦的活著。自我揭露需要勇氣，真正的勇敢需要先接受自己原本的樣貌，讓大家知道真正的自己是什麼樣子。

如何協助青少年自我揭露？

父母或師長在陪伴青少年成長時，首要的功課就是能穩定自己的身心狀態，面對正處於狂飆期的青少年，不要隨之起舞。這個年紀的孩子會刻意把距離拉遠，因為他們想要自己做主，想要尋找自己的定位，他們認為大人的關心與指導都是干擾與束縛，讓他們無法做自己。

其次，大人應該要有耐心，要讓孩子知道自己是可靠有用的資源，隨時把自己準備好，當孩子有需要的時候立刻補位。在這樣的信任基礎下，才有可能做到進一步的協助，孩子才會願意接受你的支持。

大人的身教是重要的，在孩子的面前不需要保持完美的形象，孩子的眼睛是銳利的，而且他們也很敏感，你越想藏、越不想面對的，其實他們心裡都非常清楚。如果希望教導孩子自我揭露的能力，大人在平時生活中就要有意識的示範，不要只問孩子今天過得如何，應該要練習自己多分享。大人可以分享自己生活中的經歷，分享自己的想法與情緒，分享自己對事物的看法，這樣的分享是平等的，而不是灌輸和指導。

曾經有孩子在與我對話時很誠懇的揭露自己：

孩子說：「大人做不到的事，為什麼要求小孩做到？」

我問：「像是什麼事？」

孩子說：「像是要生氣前先想一想，想個十秒再決定要不要生氣。怎麼可能？他們也是瞬間就生氣啦！大人都練習了那麼久，還是一樣，我還是小孩子，我也需要時間練習，怎麼可能現在就做到？」

我說：「的確！這真的不容易，生氣真的是瞬間的事。我覺得比較適合的方法是，知道自己生氣了，給自己十秒鐘生氣，什麼事情都不要做，什麼話都不要說。」

孩子補充：「還有啊，大人說不要挑食，我覺得是因為吃的都是他們買的，他們可以自己點餐，當然可以避開自己不喜歡吃的食物啊！他們自己也是挑食的⋯⋯」

我說：「哇！你的觀察力好敏銳，這個想法很有趣，我會把它記錄下來，以前我都沒想過是這樣。」

孩子接著說：「還有啊，我覺得不喜歡吃的東西就是不喜歡，但是大人偏偏要追根究柢的問我到底為什麼不喜歡。喜不喜歡就是一種感覺而已，有時候根本不需要原因。」

他又說：「還有晚睡的事，大人明明都比小孩更晚睡覺。他們一直說健康很重要，要小孩早點睡覺，但他們都熬夜耶，難道他們的健康不重要嗎？怎麼感覺都是雙標？」

孩子接著又說：「還有，就是大人很喜歡說道理。這些道理我都懂啊，只是還做不到……也和真實的狀況不同。」

我問：「像是什麼樣的事呢？」

孩子說：「就像面對你不喜歡的人，你當然會想要給他好看啊，當然不會想要對他太友善，有時候也會想要去整他。我當然知道這樣是不對的，但我就是會想要這樣做！所以只要大人在跟我講道理，我真的都會感覺很煩，一直講那些我知道但我做不到或不想做的事……」

如果我們和孩子有良好的互信關係，在互動時就應該要適時說出我們對他的看法，這樣的討論是重要的，除了也可以讓孩子看見他忽略或不熟悉自己的那一面。

在與孩子互動時，也請記得不要急於批判，要留面子給孩子。不然孩子含在嘴裡的話很有可能會再吞回去喔！與孩子對話要保留彈性，不要急於下結論。每個人每一段時期都可能有變化，對於「自我」這個問題，不用急著找到「標準答案」，面對這個問題，我們應該抱持著成長型思維。

第二部

我只是比一般人更努力

——認識自我，發揮個人優勢

每個人都是獨一無二的，
有著不同的先天特質，在不同的環境成長。
於是都有了獨門絕招，都有自己擅長的事。
我們該如何發掘這樣的優勢？
就從認識自己的特質開始。

第一章

先天不利、後天失調，也能努力走出一片天

——棒球國手暨教練　馮勝賢

馮勝賢是臺灣前職業棒球選手，球員時代為兄弟象隊的主力內野選手。自選手生涯退役後，歷任兄弟象隊教練、義大犀牛隊教練。離開球場後，他成為中華職棒大聯盟首任具球員經歷的秘書長。

因為早產，小時候肢體動作不協調，加上家庭困境，馮勝賢在成長過程中吃過不少苦頭，但

◆**重要經歷**：前棒球國手、前職棒選手和教練，現任中華職棒大聯盟秘書長。

他憑藉著不屈不撓的努力，一步步克服生命中的困境。他超凡的毅力是我們可以學習的。他對自我的期許是：**要有能力選擇環境，不要讓環境來選擇我！**

沒有自信的孩子更需要陪伴

因為單親、隔代教養、早產，馮勝賢小時候極度沒有自信。他從小注音符號都學不會，直到現在，他對注音符號的掌握還不太好。那時候只要聽到別人嘲笑他是單親，就會蹲在桌子底下直到下課。他非常自卑，他說：「在學校中，當你慢久了，老師就放棄你了。在學科學習上面有障

馮勝賢

◆**座右銘**：要有能力選擇環境，不要讓環境來選擇我！

礙，例如英文就是怎樣都背不起來，那個時候一直被學長打，打到讓我逃避學習。後來我寄望能透過認真打球來改變，結果球也沒打好。」讀書讀不贏人家，打球也贏不了，對他的打擊很大。

以前認知學習上充滿挑戰，但現在馮勝賢已經取得博士學位，他說自己能走過來的關鍵是心態！他覺得如果當時能遇到耐心陪伴的人，或許就會更早願意面對自身的狀態，不那麼逃避學習。馮勝賢認為陪伴是重要的，不能讓孩子覺得自己不行就不讀了，**請大人千萬不要預設孩子都是學習天才，陪伴的過程中一定要有充分的耐心**，萬一遇到發展遲緩的孩子，要更有耐心的去理解他們的狀態。

人生的第一次轉機

馮勝賢五年級的時候，有一群朴子少棒隊解散的球員要加入學校球隊，球隊人多了，學校決定將球隊分成兩隊。由於學校要把五、六年級隊員拆開，他依年齡被歸到五年級，於是鍾重彩教練就向媽媽建議，讓他多讀一次五年級。

因為重讀，他比新招收的五年級選手相對熟練，較能夠跟他們競爭，不過一開始還是撿球居多。比較幸運的是，他所屬的這一隊成績很好，後來有出國比賽的機會，即便他上場機會有限，仍然很值得開心

不要輕言放棄，因為人生總是充滿轉機

馮勝賢在美和中學念國中。剛到美和學習時，他的體能、重訓都排名最後，在球隊中一直都處於邊緣狀態，以致他的挫折感越來越重。當時他大多坐板凳，旁邊都是很厲害的選手。

馮勝賢說：「我現在仍然可以感受到當時那種感覺。那時候我的同儕都是各球隊全國排行前六名的精英，我心裡常會出現一個聲音：『我為什麼要來這裡？』」

有一年暑假，臺中力行國小想要找大哥哥來帶國小棒球隊，他因為兩個原因去

當助教：一方面是不用繳飯錢，還可以住在家裡；另一方面則是因為當時正值青春期，可以滿足自己的虛榮心，有所表現，還能教別人，能降低自卑感。選擇去臺中當助教，對他來說也是一種逃離。但在那個暑假，因為帶小學弟打棒球，讓他感受到自己也是一名主力選手、棒球明星。因為帶比自己小、能力差的學弟時，自己的能力被大家肯定，他覺得這對他來說是一種賦能，讓他感受到成就感，內在動力產生改變。

同一時期，他也參與一些乙組的比賽，因而有了一些成就感，他說自己其實滿享受那種狀態。回想起來，他很慶幸有這段經驗，才有辦法繼續堅持。

走過霸凌

小學畢業時，媽媽跪著求教練帶他去美和中學，他還記得媽媽跟鍾教練說：「這個小孩從小就是你帶大的，跟著你比較習慣，拜託你帶他去。」媽媽為了他在一群閒言閒語的家長面前下跪拜託，這個情景到現在仍讓他銘刻在心。他覺得自己在這種情況下是沒有退路的！

最大的打擊是第一次國手選拔落選時，選訓委員對他媽媽說：「因為你們是單親家庭，另外一個選手是家長會長的小孩。」這個經驗讓小時候的他非常受傷。

球隊其實就是一個小社會，很多人為了生存而不擇手段，球隊的學長學弟制讓馮勝賢遭受學長的欺壓；他也曾被許多老師言語霸凌。馮勝賢說：「我很多時候都後悔自己為什麼要打球！」但是這些事情讓他養成了挫折忍受力。過程中有很多人放棄，但他並沒有被打倒，也逐漸找到一點打棒球的樂趣，一點點的成就感！

媽媽平時要工作沒有辦法陪伴他，只能把他丟在學校宿舍。他成績不好、能力不夠，一天到晚被同隊球員和少數老師酸來酸去。那時候他一天到晚情緒都很負面，一直在自怨自艾：「為什麼我要出生在這樣的家庭？為什麼我的能力那麼差？」但他並不敢跟媽媽提及被霸凌的事，因為媽媽一直很認真努力在生活，也常告誡他不要成為社會上的問題！這句話一直放在他的心裡，因為他和媽媽一樣，想讓大家知道，單親媽媽也可以教好孩子。

不怕輸，不怕挫折

他認為自己真正學習是從進入臺灣體育學院開始。當時每個月都有六千元獎學金，每學期還有大筆獎學金，所以不用擔心生活費。那時候他考第一名，當隊長，開始慢慢被看見，他才真正體會到認真做、努力做，一定會有成果！成長經驗和經歷的各種挫折讓他養成不服輸的性格。

一九九九年在當兵時，他參加攸關奧運資格的亞洲棒球錦標賽，沒想到在九局下兩出局後漏接內野高飛球，最後中華隊被日本隊逆轉，也輸掉了奧運參賽資格，他瞬間成為全臺灣棒球迷責難的對象。漏接之後，他一直哭，開始懷疑自己，甚至懷疑自己該不該投入職業比賽。同時他也怕被別人看笑話、被人瞧不起。非常不自信！

當時他在兄弟象隊遇到了日本籍的榊原教練，教練告訴他：「這是一個階段，進入職棒又是新的階段。到職棒後，你又是一張新的圖畫紙，可以開始彩繪，讓它變得更漂亮。」因為教練的鼓勵和引導，他慢慢轉念。亞錦賽漏接之後，他覺得自己就只能不斷被操，不能有任何藉口，因此當時他一天練習接約三千球。這也是他第一次知道訓練可以漸進式分割，他解釋說：「我們原本只分解成四個動作，但日本教練教我們分解成十二個動作。每個角度、接到哪個點、接到球後，你的腳的角度要調整，最後要練成自動化。一籠球大概三百顆，我每天大概接八到十籃。」

在日本教練的訓練下，他才知道棒球訓練的細膩度，後來教練甚至告訴他：「你比日本人還日本人！」這對他來說是莫大的鼓勵！

他的柔軟度差、髖關節角度也不行，當時曾嘗試找一堆民俗療法，每天伸展，因為覺得自己的基礎不夠好，就要加倍努力練習，通常是連隊友陳瑞振都休息了，他還在練習。馮勝賢回憶這段經驗時說：「如果當時比賽沒漏接，我會不會就不願意這樣投入訓練？」他認為**如果能把失敗當成一種養分，距離成功就不遠了！**不怕失敗才會持續行動，也要練習把別人的失敗當成自己的經驗，從別人的經驗中獲取教訓。

每個階段有不一樣的使命，但要一樣認真努力！

人生有許多階段，要維持一樣不怕面對問題的心態。馮勝賢小時候的挫折反而成為他的養分，他覺得那麼辛苦的狀態都可以熬過來了，還有什麼好怕的呢？

在職棒練球的過程中，他不斷自我檢討。練球結束後，晚上就到教練的寢室去聽教練的回饋。榊原教練會一直唸，當下他們就是一直聽他講，雖然一開始不是很懂，隨著時間積累，互動越來越多，溝通交流時也越來越能理解教練指導的重點。後來，馮勝賢成了教練，他認為比賽重點在於選手的自信，自信心會影響一個選手的表現，而教練則要有耐心的陪伴選手成長。

馮勝賢希望用自身的生命經驗鼓勵後輩，他說：「你看，條件最差的最後當上秘書長！即便我還沒發育完整就出生，小腿呈現內凹平行，兩歲時都還無法站立，一站起來就會跌倒，必須以鐵鞋輔助來矯正讓骨骼發展，但我一直堅持沒有放棄！」他為什麼可以做到呢？非常簡單，因為他付出的比別人多！優秀的選手要從小目標慢慢去完成，很踏實的一個接一個小目標的去達成，按部就班地練習。運動和讀書一樣，投入多少，就有多少會反饋在你身上。

曲老師的看見

如果沒有小時候的苦難，沒有因為從小就比別人辛苦，很難想像馮勝賢在面對亞運漏接關鍵球時要怎麼走過來！先天不足、後天各種挑戰都沒有擊垮他，可見**耐挫力在成長過程中是關鍵的**。人生絕對不會一帆風順，不可能像童話故事那樣美好，現實也往往是殘酷的。要培養挫折忍耐力就要面對困難，被餵養、被照顧長大的孩子缺乏競爭力。只有草莓爸爸、草莓媽媽會養出小草莓，不要擔心孩子犯錯失敗，生命的韌性在這樣真實的環境才能滋養。

從馮勝賢的故事就可以知道，成功沒有捷徑，投機取巧不可能成功。面對逆境不怨天不尤人，努力著眼當下，把自己準備好，機會到了才有可能把握。在美和中學訓練時，馮勝賢可以從隊伍中的最後一名變成校隊的紀錄保持人，當中付出的淚水和汗水是一般人難以想像的。在剛加入職棒時，每天練習接超過三千球。馮勝賢的成功與天分無關，是他一點一滴努力才成就的。

成長型思維讓我們知道，經過努力和練習可以提升自己的出廠設定。不是每個人都需要學會爬樹，有人擅長游泳，有人會跳舞，**人生有不同的賽場，找到屬於自己的賽場，就能夠發光！**

此外，付出才有自信，馮勝賢直到自己投入早產兒基金會擔任志工，為基金會募得超過三千多萬，站在台上和有一樣生命經驗的家庭分享，才開始對自己有信心。這也是為什麼這些年我一直提醒也刻意創造機會讓孩子付出的原因，因為**唯有付出自己的能力，我們才會相信自己是有能力的！**

曲老師的陪伴

投入教育輔導工作的前幾年，我花了許多時間鑽研學習輔導，在教育現場常會遇到學習挫敗的孩子。有一個孩子讓我印象特別深刻，他國小時功課常常寫不完，升上國中後大部分的評量表現都是班上的最後一兩名。上課時常分心，看完一本書對他來說都是挑戰，很多時候是書本打開來，過沒多久，人就睡著了。

面對這樣的孩子，**最重要的第一步是讓他重拾學習的信心**。當時我最主要陪伴他學習的科目是數學，我和他的約定是，無論當天考試結果如何，都要面對自己的表現，所以考卷發下來後，我們會一題一題的討論分析，這張考卷上有多少題目是他不會的，這部分代表他在準備的時候沒準備到；有多少題目是因為粗心做錯的，這部分則代表他可以拿到的分數卻沒拿到。

即便我們很努力的面對學習，這個孩子的國中成績依然沒有太大起色，大多還是敬陪末座。在這個過程中，我們一次又一次的經歷失敗，再一次又一次的重新開始。他國三的那一年，我們和他家人很慎重的討論後，他決定未來要選擇職校就讀。原因是，我在和這個孩子相處的過程中發現，他非常能吃苦耐勞，也很願意動手做。當時我的工作室經常搬家，每一次搬家他都主動來幫忙，而且沒有一句怨言，在這些辛苦的勞動工作中也常能自得其樂。

曲老師的小叮嚀

後來這個孩子選擇就讀餐飲管理系。升上高職後，我們並沒有放棄課業學習，依然維持過往的習慣，認真務實的看待學習表現。而我驚喜的發現，他沒有因為自己成績差就放棄學習，雖然就讀餐飲科，他面對數學的學習卻那麼主動，可以和高中生討論數學，每一學期教科書發下來之後，他就開始自學，進度都超前班上同學，就連數學老師都很驚訝班上會有這樣的同學，打破傳統對於高職生的觀念。也因為如此，他在高職的學習名列前茅，以非常好的成績畢業，後來也成功錄取大學，大學時期的表現更是優異，經常代表臺灣出國比賽得獎。

他的雙手，從前臂到上臂，滿滿都是在廚房訓練時的傷痕，但我可以很有信心的說，他在成長過程中的苦練沒有白費，這些走過的路並沒有白走，在這個孩子身上，我看見的是恆毅力，加上他長久穩定的興趣，所以他能面對困難與挫折，堅持不放棄。

一、創造允許孩子犯錯的環境，讓孩子能在錯誤中學習：想要培養孩子的耐挫力就需要重新定義什麼是失敗，不要因為孩子沒做好，就過度指責，要讓他們願意正視自己的問題，大人的態度會決定孩子如何看待自己的錯誤以及選擇後續的行動。

二、藉由服務讓孩子的能力得以展現：不要覺得孩子能力差就不給他機會表現自己，生活中有太多地方是孩子能夠參與的。當孩子付出行動，得到的回饋絕對是超過我們所預期的，這樣的效果遠遠超過他人的鼓勵和肯定。替孩子想一想，在生活中創造可以服務的機會。

第二章

認識自己有時候沒那麼簡單

——國泰金控投資長　程淑芬

期許自己成為台灣良心的程淑芬，小時候不知道自己未來要做些什麼？成長過程中一直在尋求他人的認可，直到成年後才慢慢找到安頓自己的方法。

苦於人際關係

◆**重要經歷**：曾獲得臺灣最佳分析師、亞洲頂尖永續超級女性、全球資產管理業頂尖女性，現任國泰金融控股公司投資長。

程淑芬從小在雲林虎尾長大，家裡非常重男輕女，像是男生不用煮飯，她得在廚房幫忙。當時她需要洗全家人的衣服，連洗衣服的順序也有尊卑輩份。在這樣男尊女卑的環境長大，她雖然對這樣的生活狀態感到哀傷，但也養成了照顧別人的習慣。

她說：「我很容易悲傷，但我不會對抗。因為我從小就沒自信，甚至有些自卑，平時遇到困難，我會自虐，選擇自己承受而不會去對抗。雖然我會記恨，但不會傷害別人。人際關係一直是我的罩門，還記得小時候，我分不清同學的抱怨真假，遇到有同學向我抱怨時，我就幫他出頭，但沒想到對方就只是想抱怨而已，並不需要我去為他做些什麼，所以反而容易當砲灰。我的求

程淑芬

◆**座右銘**：努力不懈、謙虛感恩。

學歷程也滿辛苦的，但我所謂的辛苦並不是成績差，我的學習成績一直都不錯。雖然國小到國中考試大多數是臨時抱佛腳，但我的記憶力不錯，我會背幾百個電話號碼，有過目不忘的能力。」

但有好成績並不代表她有快樂的校園生活，大部分時候她都感覺很寂寞。高中以前常常面臨人際關係的問題，因為她不知道怎麼適當表達，而且有時同學會嫉妒她，因為上課老師問問題，她都會立刻舉手，同學覺得她很臭屁。

班上同學很喜歡搞小團體，她通常選擇中立，同學們排擠別人，她沒有跟著參與選邊站，於是也變成了邊緣人。她認為這和自己有正義感有關，她也常會想著要幫同學伸張正義。

高中考上北一女，她還記得那時候班上好多同學會說自己沒讀書，剛上北一女的她也就跟著不念書，結果第一次數學月考只考了三十八分，而那些說自己沒有讀書的同學，分數卻很高。程淑芬笑說，這是人生第一次被騙的經驗。

爸爸的影響深遠

家裡的經濟變故也是被排擠的一個原因，那時候曾有同學嘲笑她家裡窮而不跟她往來。民國六十幾年，做土地仲介的爸爸幫別人作保，因為景氣好，大家都要週轉，爸爸幫人週轉總金額超過千萬元，而當時雲林一間獨棟透天厝只要數十萬元。但爸爸後來被別人倒會，就什麼都沒了。她的大哥當時就讀臺大物理系，也因此而無法出國讀書，一天接四個家教來養弟弟妹妹、幫家裡還債。即便如此，他們一家人感情還是非常好，例如，一件外套大家都捨不得穿，想要讓其他家人穿上。

爸爸後來為了還債拚命工作而中風病倒，在往生前，前後中風十次。當時逢年過節會有很多人來家裡討債，人情冷暖很難忘，但也有人欠她爸爸錢，爸爸去討債都很溫和也不會惡口跟別人討債。當時有一個欠爸爸錢的人，每個月都來用拜拜的紙錢抵債，就這樣持續了三年，然後那人就說他已經抵完債了，但爸爸也體諒他，認為大家都是辛苦人而接受了，沒有繼續追討。

爸爸很孝順，但奶奶很早就往生，小時候爸爸常常會帶媽媽回娘家探望外婆，她都記在心裡。在爸爸的嚴格要求下，程淑芬很會做家事，因為爸爸會煮飯，耳濡目染之下，她的廚藝也非常好。可以說，她的整個成長過程深受父親的影響。

想要做得再好一點

程淑芬是家裡除大哥外另一個成績很好的孩子，爸爸期待她能當醫生免費幫窮人看病。她考了四百九十九分，爸爸會跟她說，「妳還差一分才滿分。」但爸爸也重男輕女，當時親戚朋友說她很優秀時，爸爸回說「豬不肥都肥在狗。」她長大以前，爸爸幾乎沒有當面讚美過她。而在家中，她要聽哥哥的，但又要疼愛弟弟。這些都造成她兒時心理不平衡，而這些不平衡都轉化為悲傷。她希望爸爸媽媽能多愛自己一點，但是成長的過程中，他們似乎都沒有空。這可能是她這輩子重要的課題吧！

程淑芬說：「長大以後，我會觀察其他人為什麼可以活得那麼放鬆，我自己就沒有辦法這麼放鬆。我習慣勞碌，在別人眼中是追求完美，但我只是想著可以做得更好一點。我渴望發展自己的關係，因為我爸爸沒有空愛我，所以我從小就幻想能找到一個我愛的人，替他生一支棒球隊，因為這是我小時候缺乏的。我渴望能好好照顧自己的家。」

當時她曾經遇到自己欣賞的人，一等就等了他十年。後來她才體會，愛一個人愛到失去自我，對方反而無法欣賞自己的。這段感情讓她學會與別人相處的智慧和別人保持距離與建立互信的情誼，她認為當有一個人願意和你分享自己心裡的事，這是你的榮幸，因為這是很難得的，所以她也要求自己要成為可被信任、值得長期往來的人。

一步一腳印

程淑芬生小孩以前，常常每天工作到半夜兩、三點，當時她七點上班，晚上六點下班，回到家洗個澡又繼續工作，但其他同事都很早下班。當時她白天常常不在辦公室，很多同事都以為她在忙外務，實際上是因為她覺得要了解一個產業，就一定要去現場看看，所以她安排白天去拜訪研究對象，這樣她才會知道真實狀況。舉例來說，要知道對方製造的商品是什麼？要知道他們的製造細節、營運模式如何？她不會只聽研究對象說，會同時分析市場銷售機會，因為如果不一樣，結果可能就不如預期，產品也可能做不出來。

她認為路長在嘴上，不懂的時候就要跟別人請教。所以當時她一直很懷疑同事們怎麼都不用去了解，就可以寫出對這家公司（產業）的目標價。她看到這樣的同事會忍不住批評，也看不慣那些只會討好主管但不認真做事的同事，這樣也大大影響她的人際關係。

主管難為，學習中改進

進入職場後，她花了很長的時間適應人際互動。她遇到過是非難以釐清的事件，明明工作都是她做的，功勞卻變成了別人的。因為類似的事件，她花了很多時間調適人際關係。

擔任主管職也是挑戰，她不愛別人管她，也不知道怎麼管人，她大概花了十年才比較知道要怎麼當主管。以前她批評了一個人之後，回家會睡不著，會擔心對方的感受，而且發現成為主管的那一刻起，她已經喪失向別人抱怨的權利了。她也體認到，只和當事人討論有關的事，如果和別的同事討論，目的也是要幫助夥伴。她也開始學習讚美同事。其實，她很清楚知道內心希望別人打從心底尊敬自己，這跟她的自尊心有點關係。她希望能做到世界頂尖，讓別人覺得有她真好。

做對下一件事更重要

一九九七年，程淑芬遇上了一件印象深刻的事，當時有一位客戶跟她說：「不要打電話來跟我抱歉，你的同事預測十檔股票只對了兩檔，你是只錯兩檔，其他都是對的，你已經是最好的了！這還有什麼好抱歉的？再說，你預測錯了，也不可能把錢賠給我啊，所以如果你真心覺得抱歉，就把後面的預測做對。我沒有時間安慰你，如果你真心抱歉，只要幫我一個忙，就是把接下來的事情做對。」

她按照這位客戶的說法去做，發現如果可以把下一件事做對，就很療癒，她也發現，如果把下一件事做對，自己就沒有那麼難過了。慢慢地，她開始練習接受自己不是完美的。過去她一直期待自己處於領先，但她的心裡從來沒有想著要打敗誰，只是希望讓跟她往來的人很放心，她覺得讓別人放心的更底層根源是希望周遭每一個人放心。小時候她就知道，如果人家不滿意，她就會覺得自己不夠完美，「從小這樣長大的關係，也讓我習慣追求完美」。

在專業上，她很有信心即便現在客戶不認同自己，但他們過一段時間回顧，就會知道她是對的。在職場上的努力讓她的職涯比同儕發展得快，很多上司後來都變成同儕。她慢慢發現自己可以從身邊的人身上學習，因為有很多很優秀又很謙卑的人。

她也在過往的人生經歷中了解到，**每個人的路徑不同，在這個歷程中慢慢發現自己、認識自己，她覺得人不應該因為富不富裕而驕傲，而要為做有意義的事情感到滿足**。這些體會也成為她養育孩子的養分，她曾對小女兒說：「別人的路徑和你無關，你若是一棵參天大樹，不用每天問自己為什麼還沒開花？你就是和別人不同，也可以說，你正在拼的就是一張兩千片的拼圖，你現在就還在拼邊邊角角，即便別人的形狀都已經出來了也與你無關，要對自己有信心。」練習正面思考可以幫助自己省去很多麻煩，因為她自己過去就是一個習慣負面思考的人，當然「轉念」需要常常刻意提醒自己，才能慢慢成新的好習慣。

盡一百二十分努力做好該做的事

從小爸爸就常和她說：「要人家疼你，你就要做到值得別人疼！要做到讓別人放心！」她習慣滿分一百分要做到一百二十分，但拿八十五趴的薪水就好，面對職場總是戰戰兢兢的，做三份工作的工作量，只領一份薪資。她研究金融股、股市策略再加上當主管，花三倍的努力，領三分之一的薪水。她曾有一次對著鏡子罵自己，「如果你連三倍努力都不願意，你連三分之一的薪水都領不到。」這個念頭的改變對她後來享受工作樂趣幫助很大。

SARS那一年，她看的趨勢和大家都不同，但職涯中的幾次預測經驗都證明她是對的。她的預測報告雖然常比別人慢一天出，但所有人都會等她，因為她會寫得很詳細。「在撰寫分析報告時，不能聽他人轉述來寫，這我做不到，影響人家財富的工作不能隨便做。」她習慣把大家可能想到的問題都整理分析好，盡可能的幫對方考慮。

舉例來說，一九九五年，也就是她工作的第二年，她寫了臺灣水泥業報告。因為阪神大地震，當時建材狂飆，水泥連漲了三、四根停板，又漲了百分之三十，到底還可不可以買？她想要讓數據說話，用科學方式判斷。她想到水泥可以在區域運送，但運到美國會結塊，因此應該至少了解亞洲水泥供需情況才能正確預測。她覺得當時在外商工作，公司在好幾個國家有營運據點，這點很有幫助。那時候仍使用傳真機，她就把各國水泥進出口資料查好，問大家未來五年的狀況，請大家幫忙填回來給她。如果亞洲缺貨，因為水泥是非常淺碟的市場，缺貨就會漲。她用亞洲地圖做了各國供需。她又想到，當時臺灣的政策是要把水泥廠搬到東部，所以她就開始研究水泥廠搬到東部後，多年以後這個區域會不會變成資產股，於是她又開始研究資產股，這部分是要讓外國投資人知道臺灣政策對水泥產業的影響。同時她還計算了變動成本、固定成本。

這麼細緻的研究，其實只是反映她負責任的心態，她要確定知道自己在講什麼。她後來將很多類似這樣品質的研究傳給客戶，以致日後她推薦客戶買什麼，他們就買什麼。因為程淑芬盡其可能地考慮到所有可能的影響，所以客戶很敬佩她做出來的分析，當年她成為第一名的營建分析師，後來她轉研究銀行，也成為第二名的銀行分析師。

她知道當責的重要性，所以她要先把該做的事做完，才能做想做的事，就像她現在是國泰金控投資長，但她還是那個想當臺灣良心的程淑芬，仍然想做跟公益有關的事。因此，她也常捫心自問，自己還可以做什麼？什麼是自己想做的呢？

要懂得求助

從小她就很容易寂寞，多愁善感，就連蘇東坡被流放到海南島這件事也讓她哭了兩個禮拜，但她生活在證券業，一個讓人沒有時間多愁善感的環境。她的父母沒有教她怎麼跟別人溝通，爸爸教她「努力做，別人就會看見」，但這個方式沒有用，在她職場早期很容易吃虧，直到五十歲後才贏得尊敬。她在美國念研究所時，曾經難過到不能呼吸，幸好有一個好朋友陪伴，她一天打八通電話給這個朋友，這位朋友還是耐心支持她。她覺得有一兩個有智慧的朋友在身邊，對自己真的幫助很大。

一路走來，她真心感謝每個幫助自己的人。她認為**人不要自私，要願意跟別人分享，慢慢跟別人建立信任感，共好的習慣長期帶來的幫助很大**。在人生的不同階段，她都勇敢跟和向別人請教，在做市場研究分析時，因為想把內容寫清楚，她就得不斷向專業人士請教。有時候她幫別人，有時候別人幫她。程淑芬在生活中逐漸克服害羞，懂得求助。因為**不懂得求助，就容易停滯不前**。

程淑芬與人互動需要比較長的時間暖身，加上她不太講心事，因為擔心會造成別人的困擾，所以她喜歡聽別人講心事。她說：「當你多知道一個人，你就會更謙虛，因為你只是地球上的一個人。」

學習如何溝通

程淑芬畢業後進入了一個治療自己的行業，因為這個行業和她的性格特質相違。不過她善於做研究，很體貼人，所以會很認真去想如何溝通，想要讓對方聽懂自己在做什麼，她不是去做業務的行銷，而是做研究的行銷。

她很慶幸自己在每天有新事情發生的行業，她很想證明認真的人會成功，這也源自於原始的自尊心。她想要證明：「好人會成功，不用去爭！認真的做，等它發生！每個階段都要努力，但也不需要把每個人都背在自己肩上。」

她這一路走來，覺得小時候就應該有人告訴自己人際關係不好沒那麼嚴重，這是小事！**只要能創造自己的價值，別人就會來與你打交道**。她很慶幸一路上遇到不少對她很好的師長。因為這樣的經驗，她覺得**家長要學習怎麼給孩子自信，他們的成長經驗會差很多。**希望孩子能遇到讓他們可以把心裡話講出來的老師，因為她過去遇到的老師們不曾想到全校第一名的孩子也有煩惱。她已經學會接受自己的不完美，她很關心別人，但也擔心這些關心反而造成別人的困擾和負擔。

曲老師的看見

高敏感是一種天賦，但伴隨這個天賦的是情緒比較容易擾動，尤其是在還沒有那麼了解自己的時候，常常會因為別人的一句話、一個行為而自責，沒有好的情緒調節能力就更辛苦，這種狀態就像手機同時開著很多應用程式一樣，耗電量驚人。

程淑芬細膩的心思和多愁善感，與她的專業工作看起來違和，但其實一點也不，為什麼呢？因為她平時面對的是冷硬的數字，這些看起來和溫暖與情感搭不上邊的專業工作，因著她的天性而變得不一樣，別人在辦公室就可以完成的工作，她非得要打電話或是到現場拜訪確認。這也是她能夠在這一行脫穎而出、與眾不同的主因。

每個人之所以厲害或成功都有原因，程淑芬在專業工作上的投入和堅持，加上她與生俱來的特質，讓她能夠看見別人所看不見的，掌握產業的趨勢，只要看過她的分析報告，投資人就會願意把錢交給她。**她把自己的敏感特質發揮到極致，順著自己的天性，真誠面對自己的專業工作**，她的成就不是偶然，是每一天每一刻認真的積累，沒有被成長過程中的不自信和自卑感打倒。

曲老師的陪伴

阿肉是一個高敏感的孩子，在生活中有許多自己的堅持，舉例來說，他無法接受在學校上大號，因此，只要阿肉在學校想要上大號，就會打電話請媽媽接他回家。

我和阿肉的媽媽第一次碰面時，她和我討論這個問題。我對她說：「如果執行上沒有困難，我們就請假讓阿肉回家上大號，我認為這樣是可以的！」不知道是不是因為我給媽媽這樣的建議，我和阿肉的第一次互動就產生了一點點的互信關係。

學校每學期的游泳課，阿肉都是慘烈收場，因為他覺得怎麼能把嘴巴放在那麼多人泡過的水裡？真的是太髒了！所以他想盡辦法不要下水，因而跟老師衝突不斷，後來媽媽只好簽同意書，放棄游泳課。但媽媽沒有放棄，暑假還是會帶阿肉去玩水，一開始只要臉上滴到一滴水，他就要立刻上岸把水擦乾，後來才慢慢減敏，逐漸克服被泳池水潑到的恐懼。

高敏感的阿肉在學校也常和老師產生摩擦與衝突，老師們不理解阿肉的擔憂和感受，常常會因為誤解而認定阿肉是故意搗亂、不配合，或者是被寵壞的小孩。如果大人從這樣的角度切入處理事情，通常就會使用簡單粗暴的手段，讓孩子感覺受傷，因著這樣的不理解，也讓雙方關係漸行漸遠，相處起來充滿困難。

阿肉感受到不被信任時，他就會像刺蝟遇到敵害時一樣，將身體蜷曲成球狀，將刺對外來保護自己。每當阿肉在學校受傷時，媽媽總是想盡辦法接住他，如果真的無法支持阿肉，媽媽就會向我求助，希望我能幫忙在同理阿肉困難的狀態下分析給他聽，在支持的情況下提供阿肉保護自己的策略。

為了幫助阿肉對環境有更好的適應力，他開始參與我週日舉辦的登山活動，一開始也常常情緒爆炸，但在我與爸媽合作下，一次又一次讓他依照自己的能力完成挑戰，從不能接受下雨天腳濕濕不舒服，變成可以輕鬆悠遊完成全程的雨天徒步而心情不受影響；從無法睡睡袋睡地板，很順利的完成五天四夜獨立的營隊外宿活動。

阿肉仍然是一個高敏感的孩子，但他在安全的環境下一點一點的跨出舒適圈，更有能力面對外界的刺激與變化，更能覺察與調節自己的感受，在多變不可預期的環境中找到安頓身心的方法。

曲老師的小叮嚀

陪伴高敏感的孩子是辛苦的，他們小時候很容易會讓大人摸不著頭緒，生活中的許多刺激都可能影響到他們的情緒，高敏感的狀態很容易放大環境刺激帶來的感受。如果性格又偏內向，這些外在刺激所造成的不舒服很有可能就往肚子裡吞，也不會讓他人知道，這樣的孩子在成長過程中的辛苦可想而知。

高敏感的孩子遇到挫折時，傾向內在歸因，覺得是自己的問題，承擔過多原本不屬於自己的責任。在人際互動上更顯挑戰，過度擔心別人的感受，過度敏感於他人的情緒變化，與他人相處時常處於高壓，容易有精疲力盡的感覺。對於這些孩子，成長過程中的陪伴要特別注意以下幾點：

一、**同理孩子的處境，試著幫助他排解環境中不必要的刺激**：這些孩子的「點」有時候不是一般人能理解的，當他有所表示或從觀察中知道他不舒服時，大人應該試著理解他的處境，了解環境刺激對他帶來的影響。陪伴時請尊重他們的感受，在合理的範圍內協助孩子排除環境中不必要的干擾。不理解的人可能會誤解你溺愛小孩，但請記得，**這些合理的調整都是根植於孩子真實的感受與需要，不用太在意外人眼光。**不要低估孩子不舒服的感受，過去的輔導經驗讓我知道，這些孩子的壓力很容易被大人忽略，通常都是到孩子崩潰後才懊悔。

二、**有意識循序漸進地給予孩子新的挑戰，以拉大他的彈性**：當我們同理孩子的高敏感後，在成長過程中也無須安於現狀，可以適度提供孩子挑戰的機會。無論這些安排如何，請記得先和孩子討論，確認彼此對於這個目標的共識。

三、每個人的社交需求不同，大人無須給予額外的壓力，重要的是培養孩子覺察與整理的能力：高敏感的孩子在環境中很容易察覺他人的情緒，也因為這些覺察，他們常處於高耗能的狀態，所以他們更需要有意識的進行覺察與梳理。人本質就是動態的，無時無刻都在變化，高敏感的孩子在與他人建立關係時也需要保持身心平衡和自我安頓，這部分是大人可以著力的。當孩子在與他人互動碰壁時無須給予額外的壓力，練習當一個好聽眾，透過同理心的傾聽，讓孩子覺得自己有被接住的感覺。**交朋友是一輩子的功課，高敏感的孩子可以透過一次又一次的經驗提升社會性互動的能力。**

四、創造成功的經驗：沒有自信的孩子不會因為你的讚美或鼓勵變得有信心，重要的是讓他們能在環境中成功！這些成功的經驗將成為重要的內在燃料，能降低挫折帶來的殺傷力，改變他們對於自我的認知。

第三章

想像力就是他的超能力

——國家文藝獎得主　陳界仁

陳界仁的藝術創作源自於自身的生命經驗，整個歷程就是不斷自我挖掘，透過影像傳遞身體性經驗，嘗試讓外界理解自己。我覺得陳界仁一輩子都在探索自我，他的每一部作品都是從自身出發。

起心動念想要寫這本書時，我設定的第一位訪談對象是陳界仁。會想要進一步了解陳界仁的

◆**重要經歷：**當代藝術家，曾獲二〇一八 年AAC藝術中國年度藝術家、二〇〇九年臺灣國家文藝獎—視覺藝術類、二〇〇八年美國邁阿密PULSE當代藝術博覽會PULSE 獎、二〇〇〇年韓國光州雙年展特別獎等。

生命經驗，是因為在幾次晤談中，我能感受到彼此對於這個題目的關心，當我提出訪談構想時，立刻收到他的熱烈回應。經常受邀世界各地巡迴展覽的陳界仁寫給我的信非常感人，在敘說他的故事前，先節錄這封信的部分內容供讀者參考：

「曲老師好，非常謝謝你的邀請，我沒有任何超能力，可以說資質非常平庸，真的從小成績就很差，理解力、記憶力、音感、體育等都非常差，英、數、理、化基本都零分，至今依舊如此，我唯一會的只是『愛幻想』，直到三十六歲才因機緣巧合，讓我意外走上所謂的『國際』藝術界，在那之前，臺灣藝術界基本沒人認識我，之後，我也很少與藝術界來往。如果我有什麼可以提供特教、特教老師、學生家長與同學們一點

陳界仁

◆**座右銘**：每個人都有與他人不同的「超能力」，無論這個「超能力」在外人看來有多微不足道，但只要持續挖掘，它最終會比你以為的巨大。

點幫助，或許能間接說明，即使資質再平庸之人，也可以有他看似無用的一點『長處』，如能挖掘出自己的這一點『長處』，至少能讓自己活得比較有人生的目標與方向。」

陳界仁是知名的當代藝術家，和我一樣年紀學習藝術的人很少沒聽過他的。他的作品曾多次受邀參加：威尼斯、聖保羅、里昂、利物浦、哥德堡、伊斯坦堡、莫斯科、雪梨、台北、上海等數十個當代藝術雙年展與一百多個主題展。他並曾受邀於巴黎網球場國家美術館、馬德里蘇菲雅皇后國家美術館、盧森堡現代美術館、紐約亞洲協會美術館、洛杉磯 REDCAT 藝術中心、臺北市立美術館等藝術機構舉行個展。並曾被英國、美國、西班牙、盧森堡、日本等國的當代藝術專書與藝術雜誌選為全球一百位當代藝術家。

無師自通，從小就展露非正規的藝術能力

陳界仁在訪談中提到，每個人都會有各種不同的天分，像是有的人會畫畫，有的人擅長數學，但有些人的天分是這個世界沒辦法測量的，這些人在成長的過程中都會比較挫敗。他從小過目即忘，很認真上課，上完就忘掉了。他的中文程度大概小學六年級，數學只會加減乘除。他覺得自己是個一無是處的小孩，唯一擅長的就是愛幻想，胡思亂想。

每個年代的童年都不盡相同，他小的時候沒人管，住在眷村，大家的功課大都跟他一樣爛，父母也都無所謂，所以沒有升學壓力。當時也沒有所謂的放牛班，因為全班成績都很差。他小時候就喜歡畫畫，但沒有正規學過畫畫，小學開始參與美術比賽時得到第一名，沒想到因為委員覺得這不是小孩子畫的，他被叫到教育局去當場畫給評審委員們看。考國中的時候，學校拒收他，原因是他畫了一個繪本，老師們覺得整個故事的構想不是他創作的。即便生活中經常出現這樣的誤解，他仍不以為意。

學生時期的他喜歡隨意畫畫，沒有人告訴他畫得好或不好。考取職校美術科後，他第一次正式「學習」畫畫，當時老師要求畫石膏像讓他覺得非常挫折，因為他根本不認識那些石膏像，心裡有許多的抗拒和掙扎，不理解為什麼自己要畫這些不認識的人？完全沒有畫這些石膏像的動機！這段期間他心裡不停出現這樣的吶喊。對老師們而言，畫石膏像只是訓練繪畫技巧的一種方式，後來他也勉強練了一段時間，一個暑假後就畫得比老師還要好。他覺得每個人都有一些與生俱來的技術和天分，畫畫就是他的天賦。過去沒有任何基礎，卻能夠快速掌握畫畫的技巧，應該可以算是有一點點天分吧！

從小，繪畫對他來說就是幻想，也是逃離這個世界的一種方式，所以老師們要他畫這些石膏像時，他沒辦法接受。學校的許多老師覺得他的創作思想灰暗，曾經有幾個老師把他叫到辦公室，他們覺得他的繪畫技巧很好，但內容很不健康。那個時候他喜歡畫很多東西，卻被燒掉，老師覺得他不聽話，因為他在課堂上很多時候會逆著老師的要求做，或者是自己亂做。就像有一門室內設計課，課堂規定要用麥克筆，因為他當時根本買不起麥克筆，所以就用墨汁畫，而他畫的主題是監獄，當時他心裡想的是 監獄也是「室內」啊！但老師覺得他在搗蛋。他認為「室內」不應該就只能畫有錢人的裝潢，監獄的空間也算是室內。從小他就很嚮往苦行和修道的感覺，而監獄的氛圍就有這種感覺，他覺得所謂的監獄並不一定就是指真正關犯人的那種監獄，而是那種氛圍。

勇於挑戰權威，努力突破既有框架

陳界仁在學生時代遇到的老師有許多都覺得他的思想陰暗，覺得他的腦袋有問題，也認為他會影響到其他班上同學的思想，所以當時不讓他參加展覽。無法參加展覽的他覺得非常生氣！當時他認為畫畫是自己僅有的，他不在意老師們覺得他畫得很不好，但他們不能剝奪他畫畫和創作的機會。

他不想畫石膏像是因為沒有感覺，和自己的生命沒有關聯，抗拒臨摹也是一樣的道理，那時候就覺得畫譜上的樹葉跟真實的葉子有極大的落差。高中時期的他之所以叛逆、反抗，是因為他覺得老師們想要奪走自己的想像，他想要捍衛自己的想像，於是和老師們的關係變得非常差。

在對話中，陳界仁反問我：「你覺得藝術是這樣嗎？就算能畫得很像，那又有什麼意義呢？」不被學校接受的他開始逃學，當年沒有打工的機會，也沒有零用錢花，所以他大多數時間都待在圖書館看書。大量閱讀幫助他開拓視野，知道世界不像眼前所見，藝術不是老師告訴我們的那樣。

不要太在意別人怎麼看你

陳界仁不僅被老師拒絕，也被美國文化中心拒展。在其他訪談中，他曾提到，自己不在乎那些人的聲音；然而許多孩子在成長歷程中，會很在意別人對自己的看法。

他提到自己天生就不在意別人對他的看法！每個人一定會在意群體對自己的反應，尤其是週遭或同儕，人都希望自己被別人肯定。不知道是什麼原因，他從小就看淡別人的看法，不太在意別人是怎麼想的，他覺得每個人狀況都不一樣，即便藝術史也是被建構的。

許多孩子在成長中會在意別人對自己的看法，尤其是同儕對自己的看法。特立獨行的陳界仁卻覺得「做自己」這句話很容易，他不是很在意別人如何看待自己，像是以前同學都會嘲笑他是畢卡索，他也覺得無所謂！他說：「如果要比畫得像不像，我覺得自己也畫得不比那些同學差，我不在意這種標準，尤其是去圖書館廣泛閱讀後，我就更不在意學校。我覺得世界很大很大，不是很在意同儕對我的觀點，世界這麼大，宇宙繁星，每顆星都會自己閃爍，為什麼要那麼在意別人的看法呢？但你問我，這個過程如何形成的？我還真的不知道！」

他不在乎別人對自己的評價，從小時候到現在都是如此。對於各種獎項的肯定也不會特別在意。他從高中開始就覺得質問老師是一件很普通的事情，舉例來說，什麼叫做素描？素描其實談的就是怎麼測量一個事物，素描就是一個測量學，這是它的原意，但這不應該是對一個物件的外表而已，它也可以是內在的，但如果被規定在一個很淺的測量，那就真的太簡單了，而且容易給別人錯誤的感覺，簡單的說，就是以為只要畫得像就夠了，但畫得像其實遠遠不夠。他認為廣義的測量有非常多不同的形式，這和每個人的感性和內心狀態也有關係。

藝術與創作皆源於對自我內在的探索和理解

他不斷對我提及**「每個人的感性」**與**「身體性經驗」**，他認為這對他來說是自我認識的關鍵，反思與覺察依靠的就是身體性經驗，反思不僅僅是理性的自我對話，更重要的是，清楚看見自己內在的感受，這個狀態不一定能描述，它混雜著不同的感官刺激。外界的價值觀、普世的價值很容易阻斷和影響每個人對於自我狀態的接納，認識自己是一種純然的觀看，過程中不要急於批判。他回憶起自己小時候和身心障礙弟弟的互動經驗，即便面對無法口語溝通的弟弟，他很清楚知道弟弟當下的思緒是很清澈的，互動過程中他們完全理解彼此。

他放任自己胡亂成長，後來就長成了現在這個樣子了。成長過程中，圖書館對他來說很重要，讓他認識這個世界，**不會只用周遭環境和自身的經驗判斷事情，閱**

讀提醒他要從全球尺度來思考問題。每次遇到有人批評時，他都會想著全世界有七十多億人，不過就幾個鳥人啊，要在意什麼呢？

以往藝術界很少有人知道他，剛開始從事藝術創作時，也沒有人知道他是誰。他很感謝自己生命中的每個事件，因為這些事件讓他能持續不斷思考，這些事件也就變成他的人生資產。他覺得有些天分沒有辦法被丈量，每個人的特質也有兩面性，這個好或不好是自己可以界定的，一個人的好或不好，某種程度來說也是一種社會建構。

無論如何，他覺得一個人的自信心很重要。**自信心能幫助我們創造屬於自己的賽道**。面對競爭與競賽時，他常會先想一想，自己跟對方是不是在同一個跑道上，如果不在同一個跑道上，那就沒有什麼好比較的。

曲老師的看見

並不是所有孩子都和陳界仁一樣堅強，**成長過程中的質疑和不友善都會產生毒性壓力，容易讓孩子變得沒自信、缺乏動力**。如果這個特質是重要的，那麼下一個問題是，這樣不在意他人眼光、不在乎他人想法的特質能否用某些方法加以培養？怎麼樣才能讓孩子有足夠的心理能量去抵抗這些負能量？

我覺得**家庭仍然是孩子最重要的支持**，有愛的家庭會讓孩子有能力面對外界的刺激。但如果家庭功能不足呢？美國的研究發現，孩子生命中只要有一個重要他人就可以起作用，換句話說，孩子最少只需要一個人願意支持他就夠了。

在與陳界仁對話時，我看見他的**獨立思考和自學力**。他擅長將自我浸潤於場域中，打開自己的各種感官，全然接受環境帶來的刺激，這同時也是他創作的能量和心法。成長過程中能保持「獨立」，自信和堅強是他面對外界干擾、打擊時的防護罩，青少年處於身心尚未成熟之際，能有這樣獨處的能力非常不簡單。勇敢堅持追求自己的理想，勇於質疑生活中的權威，不隨波逐流，不輕易妥協，這些都是愛幻想的陳界仁的超能力。

曲老師的陪伴

有個我輔導的孩子是因為威權所受的委屈而拒學的。

國文老師上課講錯時，孩子舉手糾正他，因為他這個舉動，老師有些情緒，於是在課堂上和這個孩子發生衝突，甚至運用老師的權威壓迫這個糾正他的孩子。孩子因此和老師產生心結，整學期的衝突越演越烈，其他老師沒及時介入，還有介入輔導的老師勸孩子要體諒老師，希望他去跟老師和解。

受委屈的孩子開始不信任學校，隨著時間累積，這些委屈也化成憤怒。後來孩子索性不到學校，氣到把學校制服和書包燒掉！學校的輔導老師要去家裡看他，也都被他拒絕。

那時候，我每個星期會去家裡看他一次，聽聽他說話。後來知道他喜歡美食，接下來我們的固定約會就是選擇一家不錯的餐廳聚會，這樣安排最主要是希望孩子能走出家門，不要整天一個人窩在家裡，不和人群接觸。

後來他開始願意參與我所舉辦的活動，可以和我一次外出好幾天，甚至搭飛機到不同的國家活動。我想這個歷程對孩子來說是重要的，是在療傷，在與大人重新建立關係。相處的過程中，我發現他喜歡英文，會運用網路資源自學英文，我協助他找到適合的英文老師後，就慢慢淡出這個輔導關係了。孩子在協助下於高中階段回到校園，重拾對學習的動力，生活恢復秩序，靠著自己努力，考上國立大學的理想科系。

曲老師的小叮嚀

面對厭惡權威或是個性黑白分明的孩子，建議陪伴者要留意：

一、保持彈性：面對這樣特質的孩子，在相處過程中需要保有一定的彈性。給予彼此一定的空間，過度的壓迫或是採取權威的管教手段往往會適得其反，這樣的孩子通常不按牌理出牌、吃軟不吃硬，這也考驗著陪伴者自身的彈性和情緒調適能力。

二、**不要比較**：沒有人喜歡被比較，陪伴孩子的過程中應該引導他看見自身的優勢，給他空間，讓他發揮自己的長處，過度比較會帶來不必要的壓力，往往適得其反。

三、**獨立思考**：平時有意識的讓孩子接觸國際事件與社會議題，多和孩子討論交換意見，討論的過程中要讓孩子保有多元的觀點和練習批判的能力，避免從眾、人云亦云，是孩子在群體互動中保有自己的重要能力。

第四章

善用與生俱來的天賦，勇於追夢

——格鬥運動選手　黃育仁

認識自己是一輩子的功課。

許多特質都是一體兩面，三十三歲轉行走上格鬥賽場的Jeff黃育仁，憑藉著堅毅的特質，善用自己的黑暗面，在格鬥賽場上打下一片天。

有愛的家讓他不走歪路

◆**重要經歷：**國際職業綜合格鬥選手、中華民國綜合格鬥協會發言人，WBC香港皇牌泰拳臺灣區教官，並擁有WCS Level1減重專家證照。

黃育仁出生於一個充滿「愛」的家庭，即使面對相對複雜的學校環境，他雖然叛逆卻沒有學壞、走上歪路，這要歸功於家族對他的支持。三代同堂的大家庭中有愛他的家人，爺爺奶奶對他特別疼愛。因為有愛他的家人，也讓他在做很多事情之前會刻意提醒自己，不能讓家人難過，不要讓家人丟臉，因為這樣的家庭教育與凝聚力，讓他在成長過程中比較能自我控制。如果生長在一個功能不那麼健全的家庭，爸爸媽媽不重視教育，再加上學校環境中的誘惑，放任衝動的他自行生長，很難想像他是否能這樣平安順利長大。

就讀胡適國小、誠正國中時，他的成績還不錯。國中時期大多維持在班上前五名，他認為自己可以考上前三志願，但放榜後考上了明倫高

黃育仁

座右銘：

不要祈求生活順遂，
要祈求吃苦耐勞的能力。
求知若渴，虛懷若愚。

中，高中時期也沒有太認真讀書，直到高三才開始用功，最後考上了中興大學法商學院（即現在的國立臺北大學）。

他也慶幸自己運氣很好，求學時期常常遇到很棒的老師。他記得國中時期有一個很討厭的老師，自己還差一點揍了那位老師。回憶起那段經驗，黃育仁說：「那個時候我在課堂上一直嗆老師，老師請我下課後去找他，當下心裡想，老師要是對我怎麼樣的話，我就打回去！」沒想到，老師對他說：「我究竟做了什麼事讓你這麼討厭我？你在課堂上這樣和我互動，讓我很不舒服。如果老師有什麼地方可以改進，請你告訴我，我們可以溝通。」老師這樣說的當下，他愣住了，什麼話也接不上來，但也因為老師真誠的態度，讓他的態度隨之軟化。

將自己的野性特質轉為動力

黃育仁在過去的採訪中比較少提到自己的陰暗面。他清楚知道自己內在有偏野性黑暗的一面，像是不服輸的性格，骨子裡其實愛逞兇鬥狠，好勝心強，在與他人競爭時會不考慮任何後果的往前衝，面對他人的攻擊也毫無畏懼。但他也知道，這樣的性格若沒有好的自我控制能力，很容易惹麻煩，環境中的誘惑可能會讓他走偏。

幸好，因著家人的關心與疼愛，讓他在成長過程中變得穩定。每次他只要冒出想做壞事的念頭，腦海中都會浮現爺爺奶奶的臉孔，覺得自己如果學壞了，他們會很傷心，辜負他們對自己的期待。

二〇一一年，黃育仁向公司請假一年到國外充電，找尋自己未來想做的事。放空的這一年他來到巴西，因為從小就很喜歡看功夫片，他特地安排在當地知名道館學習，沒想到，就這樣留了下來。他原本只想要待一週，最後卻在巴西住了下來。不到一年的時間，他就從白帶晉升成藍帶，柔術的升級是很嚴謹的，在這麼短的時間能升級，代表他實力很強。當時他還沒有想過放棄金融業的工作，但在和巴西當地人相處中體會了「活在當下」的重要，也開始相信其實人生可以有不同的選擇。

接觸格鬥運動後也發現，他在賽場上可以盡情釋放的做自己，無論打贏打輸都可以，他享受那種很純粹的競爭，因為格鬥運動和其它運動不同，格鬥就是人與人身體的直接對抗。他認為自己如果沒有這個特質，單憑後天努力也很難練得好。尤其是在三十多歲的年紀才正式投入格鬥這項職業運動。也因為這樣不服輸的狠勁，讓他在國外訓練時得到Jeff Machine的稱號，因為教練曾經在訓練後指著他說：「This man is no heart.（這個人沒有心。）」回臺前，他贏得人生中第一場格鬥比賽，雖然獎金只有台幣七千元，卻大大增強了他的信心。

放棄高薪，勇於追夢

工作十多年的黃育仁在金融業前景一片看好，他卻在三十三歲時決定要離開自己的舒適圈，從年薪六百萬的分析師轉職成為沒有固定收入的職業綜合格鬥選手。這個決定不僅要面對年齡和體能的考驗，最大的挑戰是要面對家人的質疑，也讓他的婚姻關係岌岌可危。當時妻子對他相當不諒解，努力嘗試說服黃育仁也無效，妻子曾質問他：「用這麼危險的方式去過人生，有必要這樣子嗎？」但他依然堅持自己的決定不為所動。

轉往格鬥界發展後，他的積蓄一度燒光，當時甚至到需要朋友金援才能生活的地步。但他卻樂觀的認為，這樣可以看清誰才是真正的朋友。

即使面對這樣高度的生活壓力，但夢想始終支撐著他努力向前，對於熱愛格鬥運動的他來說，能賺多少錢並不是他在意的。他非常喜歡美國企業家蓋瑞・范納洽（Gary Vaynerchuk）說過的一句話：「**做你自己喜歡的事情，該來的就會來！**」

格鬥磨練讓他更沉穩

黃育仁認為格鬥運動可以幫助跟他擁有一樣野性特質的孩子更認識自己，知道自己是誰。他說：「如果你有這樣的黑暗面，在比賽時對別人出拳義無反顧，不害怕把別人打死，可以在比賽場上盡情發揮，你會因為這個『黑暗面』得利，你就更容易接受自己這樣的特質。同時，你也會知道有別人比你更好勝，更不願意認輸，更兇狠。」

他現在之所以能這樣沉穩，完全是在格鬥訓練中磨出來的。和黃育仁對話時能感受到他的誠懇，尤其是他在揭露自己特質中的「陰暗面」之後。經過了時間的沉澱，越來越能體會他所指的是什麼。其實，很多事情都是一體兩面的，創新可以被看作是叛逆，聽話可以被當成順從，也可以被看作不會獨立思考。

水能載舟，亦能覆舟

黃育仁在格鬥賽場上求勝的動力是把別人打倒，在這樣高度競爭的運動中，擊倒別人需要狠下心來，很多時候出拳並不考慮後果，需要暫時去除自己的同理心，甚至是良知，這個過程需要的是釋放自己的內在野性。

但離開拳擊場後，這種狀態並不適用於這個社會。因為我們不會一跟別人意見不合就大打出手，有人不聽話時就把他暴揍一頓。黃育仁認為，「這個力量（狀態）

需要好好控制，而且不是每個選手都有，換句話說，骨子裡不恨也達不到那個境界！」這就好像許多超人電影，當你擁有一種超能力，你可以用來做好事，也可以用來做壞事，如果沒有好好控制或善用這個與生俱來的能力，將招致毀滅和災難。

與生俱來的特質對黃育仁的生命狀態造成影響，過去的他放縱這些特質，任憑它們自由生長，現在他開始意識到需要控制，也更清楚知道自己可以如何調節。成熟不是多讀多少書，也不是增加多少經驗；**成熟是對於自己生命狀態的理解和掌握**，知道自己是誰，從哪裡來，為什麼是今天這個樣子，以及接下來自己要去哪裡。

曲老師的看見

家庭對一個孩子的影響很大，在輔導工作中常會看見後天環境對孩子影響有多大。家人的關愛化解了黃育仁的衝動與暴戾之氣，自我控制能力也在這樣接納溫暖的環境中建立。有些孩子沒有他這麼幸運，生長在功能不全的家庭，成長過程中不斷積累所謂「毒性的壓力」，也影響到後續的發展。

不過，研究也發現，**孩子只要在成長過程中能遇到一位關心他的大人，一切就可能有轉機**。每個人都有機會成為孩子生命中的重要他人，請不要輕忽自身行動帶來的影響力。

曲老師的陪伴

在整理和黃育仁的對話時，讓我想起多年前輔導的一個學生。

他是我大學時期的家教學生，至今仍保持聯繫，過去只有短暫的輔導關係，但這二十年來，我們仍保持聯繫，他的四任女朋友都和我吃過飯。我們的生活圈完全不同，但每次碰面總有聊不完的話題，我總是努力扮演朋友之外的師長角色，稍稍提醒他要多注意安全，學習配合這個社會的規範。

他是一個聰明的孩子，當年帶他非常辛苦。陪他念書之餘，還要陪打籃球，語文課甚至要教他寫情書追女生。畢業後，每隔幾年，他的生命狀態都有很大的轉變，他總是毫無保留的告訴我。

印象最深刻的一次碰面是在西門町的星巴克，他帶著一群小弟排排站，對我鞠躬問好。而他氣色最差的一次是在他準備去服刑前，我們在天母的居酒屋餞別。畢業後的幾年，詐欺、恐嚇、違反槍砲彈藥管制條例、組織犯罪……他有大大小小的案件紀錄在身，在幫派中已有一定的地位和影響力。

這麼多年過去了，他的眼神依然銳利，思考反應能力更甚以往。他後悔當年沒聽我的話多讀點書，注意力缺陷長期困擾著他，一直到服刑期間才比較能靜下心來讀書，知道怎樣能讓自己專注。聽自己不熟悉語言的音樂可以幫助他專心，這個策略和我當年發現的方法一樣。其實我早就和他分享過了，但時間未到，他並沒有把這件事放在心上。過了這麼多年，開始在他的分享中聽到更多正向的訊息，他對於自我狀態的覺察和剖析也更到位。假釋期滿後，他在新的領域有所學習，我很替他高興。

曲老師的小叮嚀

一、放大特質的正向影響，降低負面影響：引導孩子認識自己特質的影響，陪伴孩子找到自己特質能發揮的領域，將正面的影響放大。讓孩子意識到這個特質可能產生的負面影響，發展適合的策略，幫助自己將負面影響降到最低。

二、給予空間，勇於追夢永遠不嫌晚：讓孩子在成長過程中盡可能地試探，培養勇於嘗試的勇氣，**所有的行動在深思熟慮後都會是最好的決定**，越早行動的代價通常越少，不要忘記，**熱情才是支持人持續行動最可靠的動力**。

第三部

不一樣也沒什麼大不了

——了解自我特質，突破局限

他們和一般人有點不一樣，
但是他們在成長過程中對自己有足夠的認識，
發揮個人特質的優勢，
努力打破不一樣帶來的限制，
成為專業達人，成就最好的自己。

第一章

只要找到熱情，過動兒也能專注！

——玩轉學校共同創辦人　林哲宇

◆重要經歷：曾任社工，現任玩轉學校共同創辦人。

從小在老師眼中就是恐怖份子

小學三年級的時候，林哲宇因為上課不專心，媽媽帶他去給身心科醫師評估，吃了三週左右的利他能後停藥，因為他覺得服藥後感受不到自己的情緒，就讀美術班的他創作時也完全沒有靈感，讓他很痛苦。升上高年級，因為換了班導，老師的管教方式讓他整個人變得叛逆，常常在學校惹事，欺負同學，尤其會欺負胖子和衛生習慣差的同學。有一次他還偷偷鋸斷了同學的椅腳，讓同學坐下後跌倒。

他覺得那個時期的同學應該都很討厭他，媽媽一個禮拜會接到學校二到三次的「投訴」電話。有一次闖了禍，學校和媽媽聯繫後，媽媽並沒有責備林哲宇，只是默默哭泣，他當下覺得自己可能要被放棄了，覺得自己讓媽媽失望了，因此相當內疚。也因為這次的經驗，他下定決心要控制自己的行為，透過「壓抑」的方式抑制自己的衝動，在學校時會盡可能提醒自己，把注意力放在學習上。六年級下學期開始，他就比較不會在學校惹事了，但當時成績依然沒有起色，因為他還沒有找到適合自己的學習方法。

林哲宇

◆**座右銘：**從不會到會，不管經歷多少次，都值得開心。

過動兒在成長過程中需要理解他的大人

對林哲宇來說，國中是很關鍵的轉折，因為他遇到一位能理解他的導師。導師知道他容易分心，於是在教室最後一排放了四張桌子，讓他可以依照自己的狀態轉換不同的學習材料，一張數學桌、一張語文桌、一張自然桌……，同時導師也先取得科任老師的認可，讓他可以這樣做。他上數學課的時候會先坐在數學桌的座位上，當他開始不專心時，就會轉換到別張桌子去學習不同學科。

這個方法持續了大約一個學期，這樣的作法讓他開始感覺到上課真的有在吸收學習。後來他將這個方法轉化，和老師商量後，老師決定讓他在課堂上自由轉換學習內容，即便沒有四張桌子，上課時只能坐在自己的位置上，他只要感受到自己無法專心，就會選擇換另一個科目來看。

林哲宇還記得，上數學課時，聽數學老師講十分鐘後聽不下去了，他就會拿出語文來看。看了一段時間的語文後，又開始聽到數學老師講課，自己就會再回到老師正在教授的課程內容上。

不是不能專心，而是需要培養適合自己的專注策略

林哲宇整理了作法：當自己分心時，就順著分心去轉換手上正在做的事，等再次分心時，再轉換回到原本正在做的事。不要讓自己硬撐在那裡，即便能坐在那裡，不專心也是無效的。這樣的策略一直延續到他大學的學習、社工的工作、甚至創辦玩轉學校，一直到現在。他覺得自己可以同時開始做很多事，例如他可以同時開始同時結束撰寫很多份個案報告，但要他一次只完成一件事就非常困難。

此外，他也發現幫助自己專注的一些撇步。舉例來說，他在吵雜的環境會比安靜的環境更容易專心，所以他去圖書館時，一定要待在報紙閱覽區，搭配著別人翻報紙和嘰嘰喳喳輕聲細語的聲音，他會更容易專心。

林哲宇也善用觸覺敏感的這個刺激幫助自己維持專注力，例如，他連上台報告分享也容易分心，所以他大二開始就養成習慣，需要高度專注的上台分享時，他會脫掉鞋子，讓腳感受地板的冰冷或不同地板材質的觸感，這樣的感覺可以刺激他維持專注力。但這樣的方式同時會讓他很耗能，有點像是「預支」自己的專注力，任

務結束後會特別疲憊。

林哲宇認為注意力缺陷過動不是一種疾病，而是一種狀態，如果你把它當作疾病，就會負面的去解讀它。注意力缺陷過動症感覺就像近視一樣，要配適合自己度數的眼鏡，發展適合自己的策略面對生活。他認為近視眼也很好，可以每天換不同款式的眼鏡，讓自己有更多造型。

他覺得注意力缺陷過動症的人不是不能專心，而是專心的濃度不同，他們可以在短時間內高度專注，因而快速耗盡了專注力，並非不能專心。

從助人社工成為玩轉學校共同創辦人

林哲宇從臺大社工系畢業後，當了四年多的社工，協助許多弱勢家庭及兒童個案連結資源和解決問題。對社工的工作有非常高的動力或許和他自己的過動特質有關。他經常走進不同的家庭中，面對不同的個案，工作的每一天都需要面對困難且充滿挑戰，這段期間他的熱情不減，卻也經常感受到自己的限制。他腦中不停地思考，可以再做些什麼來幫助弱勢孩子有機會翻身。

平時愛玩的他，下班後常會和一群玩咖約著一起玩桌遊；愛玩的他也一直想要找一個能夠邊玩邊養活自己的工作。他認為愛玩是人的天性，好奇心是學習的起源，如果能藉由玩的過程，培養孩子的核心素養與自主學習能力，那就太美好了。

林哲宇原本不認識黎孔平，但他們都被TED上面關於世界和平遊戲（World Peace Game）的演講所吸引，在朋友牽線下而相識。世界和平遊戲是把現實的國際議題放在遊戲世界裡，是真實世界的縮影，遊戲中會讓青少年扮演各國領導人，用玩的方式學習如何解決國際議題，從遊戲中探索世界和平的可能性。當時兩人下定決心要直接去美國取經，參加世界和平遊戲的課程，希望能用最快的速度將這個遊戲帶回臺灣。

參加過世界和平遊戲課程之後，林哲宇和黎孔平經過反覆討論，決定創辦玩轉學校，希望透過不一樣的方式，更積極的改變下一代的命運。經過全體員工的努力，抱著Benefit For All的想法，玩轉學校於二〇一八年成為臺灣第一家獲得「B型企業」殊榮的教育單位，B型企業是美國B型實驗室（B Lab）所發起的國際「好」企業認證，這個認證讓他們受到強力的鼓舞。

把過動當作老天爺送的禮物

有些人把過動當作障礙，但林哲宇覺得注意力缺陷過動症是老天爺送給自己的禮物！可以一次做好幾件事情，只要有好的管理策略（get things done），事情就不會一團亂。在還沒有google幫助的時候，他隨身一定攜帶筆記本，記錄重要的事情並梳理清楚。他覺得注意力缺陷過動這個特質是天賦，但需要注意的，是不能影響到周遭的人，即便你想要動來動去，只要不會造成別人的困擾，是可以被接受的，如何學習控制這個特質不影響到環境和他人很重要。

林哲宇現在三十多歲了，注意力缺陷過動症仍然對他的生活影響很大。但他已經找到一套方式，可以同時開兩個會議，知道自己無法待在同一個會議太久的時間，如果自己「登出」（不專心）了，會主動告訴身邊的夥伴，替自己爭取一些時間喘息。**他對於自己的工作效率、真誠和創造力相當有信心，而這些都源自過動這個特質帶給他的優勢。**同時，他也是到工作後，才比較有意識的覺察到自己的不專注，他覺得內在的覺察和調節是注意力缺陷過動的人很重要的能力！

曲老師的看見

從林哲宇的生命經驗可知，注意力缺陷過動症的孩子需要找到能幫助自己專注的策略，我和他有相似的生命經驗，在太安靜的環境反而無法專心，而這樣的特質一直跟著我到現在，並沒有因為年紀而消失。最重要的是我們已經學會跟它和平共處，找到適合自己的策略，降低了這項特質的負面影響。

不過，這也是我們付出許多代價換來的。小時候因為沒有好的控制能力，若再加上大人的不理解，那生活中就是一堆的災難，很慶幸我們都能挺過來。

面對注意力缺陷過動症，我們都認同**生活中需要足夠的彈性，工作時刻意的轉換與切斷，幫助自己能持續有品質的專注**，才不會對生活帶來太多負面的影響。

曲老師的陪伴

化妝式的學習（Cosmetic learning）可以說是一種掩飾，藉由這樣的策略能讓幫助自己的問題不那麼外顯，降低可能帶來的負面影響。從以下我和孩子的對話中就可以清楚說明。

孩子說：我爸媽不在意我的成績！

我對孩子說：你這樣會讓老師誤會你爸媽，覺得你爸媽平時都不管你，是不盡責的父母，因為你上課睡覺，很多時候作業遲交或是根本找不到。

孩子說：媽媽常跟我說成績不好沒關係，但是態度要好！她非常重視我的學習態度。

我說：是的！所以你在傳遞訊息時要注意，不然容易造成誤會。其實，上課睡覺就會讓老師覺得你態度不好，作業沒交會讓老師覺得你不負責任，也是態度不好。老師覺得你學習態度不好時，除了找你之外，也會和你爸媽聯繫，然後你爸媽就會來唸你，這是惡性循環。

孩子說：我爸還好，我媽就真的很愛唸！但是上課真的很無聊啊，很容易就睡著了……

我說：要讓老師覺得你態度好，就要先想辦法讓自己上課的時候不要睡著。平時試著養成一週運動兩到三次的習慣，一次至少要三十分鐘，最簡單的方式就是跑操場，這樣可以加強你的體能。再來就是規律的生活作息，晚上不要熬夜。但如果不是體能問題，而是上課太無聊，我們就要來想其他辦法了。

孩子說：上課也無聊，尤其是那些科目……

我說：最理想的狀態就是努力認真聽老師說的，同時試著做筆記。但老師明白你的狀況，你那麼會畫畫，上課有沒有可能用筆記本畫畫，不要讓自己睡著？

孩子說：我沒辦法在上課畫畫，會被老師罰站，我睡著也會被老師罰站，一整

曲老師的小叮嚀

天都在罰站，站到腳都痠了。

我說：那我教你一招，等等回家練習照鏡子，練習認真的看著前方，上課的時候，你就努力認真看著老師，老師走到哪裡就看到哪裡……

孩子說：就算看到發呆也沒關係嗎？

我說：重點是你要讓老師覺得你是很認真在聽。這是需要練習的……

孩子說：懂了！就是要很誠懇的看著老師，沒有在聽也沒關係……

我說：你回去練一練，應該會有幫助。

曲老師博士班的同學很多都是特教老師，有一次下課後問我是不是真的有注意力問題，怎麼感覺我上課時都很認真的盯著老師看？

我只能很客氣的告訴他：你怎麼知道我有在聽？

大人的理解和彈性很重要：林哲宇很幸運能遇到國中的那位導師，這樣的互動經驗幫助他能用自己的步調練習調節自我專注的能力。很多孩子不像他那樣幸運，在成長過程中無法遇見理解他的大人，那就會吃更多的苦。**保有彈性、給予空間、抓大放小，這是和注意力缺陷過動症孩子相處的重要原則。**

一、引導孩子覺察自己的不專注，而非把專注的時間拉長：每個人的專注時間頂多都只有十幾分鐘，**專注力訓練不是要讓孩子能專注很長的時間，而是要讓孩子能練習覺察自己的不專注，然後再一次啟動專注。**藉由專注、覺察與再專注的循環，提升注意力缺陷孩子的工作品質是必要的。要做到這點，需要的是孩子本身有意願，**個人的動機是最重要的。**

二、每個人的方法都不同，努力找到適合自己的方法：當孩子覺得專心對自己來說是重要的，專心會為自己帶來好處，他也願意專心時，下一步就是一起努力找到適合自己專注的策略，發掘自己能專注的環境。每個人可能都有自己獨有的方式，不管黑貓、白貓，只要會抓老鼠的貓就是好貓，只要這個策略對孩子不會產生負面影響，我們就應該尊重他的決定。

第二章

學習差不代表不能學習

——金工藝術家　梁紫祺

金工藝術家梁紫祺小時候就很喜歡畫畫，爸爸會在假日帶她去畫室學畫，然後在畫室陪伴她。對喜愛動手做的她來說，畫室就是一個放心做自己的小天地，即便上了國中、功課壓力大，她仍然堅持固定時間到畫室學畫和創作。

回憶起小時候，梁紫祺表示她就是坐不住，常常沒辦法專注，國小、國中成績一直都是吊車

◆**重要經歷：**金工藝術家，擅長銀件及珐瑯創作，曾獲國內外大獎並至各地辦展，擁有多項專利權，更獨創「無胎體珐瑯技法」。

尾，爸媽和老師都很擔心她的學習表現，一度懷疑她智力有問題。學習的挫折讓她對於學習總是提不起勁，弟弟可以很輕鬆的背誦孔孟經典，她卻怎麼樣都記不起來。於是媽媽開始四處帶著她求醫，希望了解她到底出了什麼問題。

梁紫祺小學二年級時，在媽媽陪同下，先後在臺大兒童心智科和臺北市立療養院兒童心理科進行評估，發現有臨界學習障礙的問題，但操作能力明顯優於其他能力。這樣大的內在差異使得她在傳統學習環境下吃足苦頭，學習上充滿挫折。

雖然多次進出醫院，但對改善她的學習狀況卻依然有限，此時，爸媽也發現她的課本中沒有上課的筆記，卻有許多手繪的大自然圖像和可愛的恐龍。也因為這個發現，爸媽決定送她去學畫畫。

梁紫祺

◆**座右銘**：攜帶著起伏的情感，在承載了所有感受之後，作品會訴說出情緒的模樣。

成績不是一切

梁紫祺就讀聖心女中附設小學，小學成績不佳讓她無法直升聖心女中國中部，這件事影響了她的自信心和人際關係，在就讀石牌國中時，甚至有些封閉自己，不會主動和同學互動，考試時常猜完答案就睡覺。後來因為舉家搬到花蓮，她在國三時轉學到花蓮的吉安國中。

轉學之後，她看見了不一樣的學習風景，讓她開始對學習這件事的想法有些改變。她說：「在這裡，老師會關心每個同學的想法，每個人的感受，未來你想要做什麼？而不是只在乎一個人的成績、分數。」

國中以前，梁紫祺一直很抗拒學習，因為覺得自己做不到，覺得自己不如其他同學，也因此而感到自卑。沒有人會因為她會畫畫而真心覺得她好，畫畫對當時的同學和老師來說，感覺一點也不重要！大家只會因為成績好而看見「你」，所以她在國三以前，一直隱身在班上的同學中。

她在吉安國中雖然名列前茅，但也發現同學們並不是那麼在意成績，讓她最受鼓舞的，是老師不在意成績的關懷，這些溫暖讓她慢慢地打開自己。

高中聯考時，梁紫祺差了五分沒考上花蓮女中，於是在家人協助下回到臺北念書，後來就讀復興商工。

愛自己所選就不怕苦

在復興商工就讀時，她有很大的轉變，她自己覺得原因有兩個：

第一，因為這個領域是她所愛，是她自己選的，雖然仍有許多學科，但她在術科的表現突出，也讓她在學校生活中慢慢建立起自信，對於自己的能力有信心之後，比較願意肯定自己。

第二則是高職的學科難度沒有那麼高，當她花了更多時間來準備和複習時，成績也開始慢慢變好。

她覺得**心態還是最重要的，自己有意願的時候，改變比較容易發生**，在自己所愛的領域遭遇困難也比較願意努力去克服它。**覺得自己有可能成功，覺得自己不錯，以及找到那一點點的成就感，對孩子們來說是重要的。**

找到適合自己的專注策略

喜愛手作藝術的她從復興商工美工科畢業後，因為成績優異，申請上了明志科技大學工業設計系。她在大學時期常利用寒暑假到市集擺攤販賣自己的作品，累積不少實戰經驗，不過她也發現自己不喜歡單純市場導向的產品，這也是她會在畢業後持續從事藝術創作的原因。

大學畢業後，她在母親的介紹下到花蓮教授美術，之後又回到母校復興商工貢獻所學。投入藝術教育工作的她發現自己應該要持續精進，在這樣的動力下，她考取了國立臺灣藝術大學工藝設計研究所，目前已經順利取得碩士學位。取得碩士學位後的這幾年，梁紫祺除了在復興商工美工科擔任兼任講師，教授設計與生活、造型原理與金工珠寶設計之外，也在不同學齡段的學校授課。不過，她大多的時間仍埋首創作。

梁紫祺回顧自己成長歷程中的學習策略，「我需要不斷的動手寫，看到什麼就把它寫下來，反覆的寫下來，看到一個觀念和一個流程圖，我就會試著畫下來，因為只有這樣，我才能真正吸收，所以讀書的時候，筆記本對我來說非常重要。我也不能透過電腦看東西，一定要把它全部印下來，邊看邊畫線，甚至會把整張紙畫得亂亂的。這個作法能幫助我專注！」

對於許多在學習上不容易專注的人來說，梁紫祺這種作法的確能幫助自己把心思集中在學習素材上。在大量倚靠網路科技學習的現代，對許多人來說，紙和筆仍然會是重要的輔助學習工具。過去在推動均一教育平台的時候，我們也會特別提醒現場的老師們，可以提醒孩子們準備筆記本，把數學算式和學習過程記錄下來。

創作讓人生更美好

創作對梁紫祺來說是一種自我療癒的歷程，創作可以讓她感受到安定，幫助自己的情緒停泊。她曾在以「潛境」為題的個展中寫道：「攜帶著起伏的情感，在乘載了所有感受之後，作品會訴說出情緒的模樣。」在國小、國中因為學習成績不佳而受挫、感覺心靈受傷的時候，在畫室創作幫助她度過那些最挫折與昏暗的時光。

現在的梁紫祺是擁有多項專利的琺瑯藝術家，擅長銀件及琺瑯創作，並獨創「無胎體琺瑯技法」，常在各地巡迴展覽。現在的工作室設立在先生經營的咖啡廳樓上，先生總在創作上給她最大的鼓勵支持，並有教養孩子的共同理念，這一點是她最為欣慰與感動之處。

剛成為媽媽的她，對於小時候媽媽鍥而不捨的陪伴以及創作上長期的支持更加有所感，並十分感謝。她也提及身分的改變使得如今要兼顧工作與創作確實非常不容易。如果未來還能達成更上層樓的創作能量，她說：「能走過這些年真的不容易！先生、公婆與家人絕對是我強而有力的後盾！」

曲老師的看見

每個人都有不同的天賦，並不是所有的孩子都適合用考試來評估他的學習能力。但在傳統學習模式下，成績不好的孩子往往會被認為是失敗者，環境這樣定義他們，他們自己也這樣自我認識。不僅如此，很多時候，成績不好的孩子人際關係也受到影響。試想，在學校無法有效學習，也沒有辦法交到朋友，那孩子去學校的動力是什麼？或許，這也是近幾年來拒學和懼學比例越來越高的原因吧。

有人可能會提出質疑，過去的學校比現在的學校更權威，為什麼這個問題現在才顯現呢？這些年來，整個大環境氛圍的確比以往開放與自由，但也因為如此，孩子才敢行動，選擇逃離這樣的環境，過往的孩子可是連逃的勇氣都沒有呢。我這樣說並不是要全盤否認讀書的重要性，而是學習本來就可以有不同的方法，評量每個人也就可以有不同的方法，**教育追求的不應是標準化與規格化，而應該是要讓孩子長出他自己的樣子**。

不擅於讀書考試不代表孩子不能學習，不適用傳統評價體系的孩子，我們可以替他量身打造屬於他獨有的評價系統。面對多元學習需求的孩子，我認為還是要實事求是，透過學習評估了解孩子的學習風格以及他在學習上的盲點與困難。舉例來說，有些孩子的確有書寫上的困難，面對紙本作業全無招架之力，回家作業常常寫不完。我們就需要跟老師討論孩子的困難在哪裡，針對這些困難直接教學，並在必要時進行作業減量或選擇替代性練習。

曾經有孩子跟我說，當他面對書寫困難時，老師告訴他只要多寫幾次就會寫了，這個孩子真的乖乖聽老師說的，一直寫、一直寫，但最後他還是不會寫，所以就放棄了。

過去在輔導工作中，我常有機會接觸和梁紫祺有同樣特質的孩子，早些年我通常會鼓勵他們在生活和學習中做小規模的嘗試與突破，在既有體制下找到屬於自己的一片天地，在有限的時間與資源下探索興趣、發展專長。但隨著臺灣這些年來的教育改革，實驗教育三法的通過，有越來越多不同理念的實驗學校設立，我也開始鼓勵孩子和家長們勇敢替孩子做出選擇。**成長過程中最重要的是不要用單一價值來衡量自己，因為每個人都有自己的天賦。**

曲老師的陪伴

這幾年輔導的個案中不乏和梁紫祺一樣有多元學習需求的孩子，我要再次強調，**每個孩子都有自己的天賦，而這些天賦不一定都能被考試測驗所評量，但這也不代表他們不需要學習。**在成長過程中，即便學習困難的孩子，也都有學習的能力，學習語言和文字的目的是溝通和表達，因為他們需要跟這個世界接軌；學習閱讀理解，是要讓他們具備接收資訊與判斷的能力；學習基礎數學，是要讓他們擁有邏輯思考和運算能力；學習人文、自然科學，是要讓他們具備認識這個世界的基礎知識。總而言之，這種種都是需要學習的。

不過，在學校環境中受挫的孩子容易放棄學習，久而久之就會放棄自己。這是整個大環境給他的錯誤觀念，但沒辦法考試拿好成績，並不代表他不能學習，這個大家都熟知的道理卻很容易被忽略，甚至很少人能在面對這些學習成績差的孩子時，依舊秉持這樣的信念。

小珍是一個有音樂天賦的孩子，他喜歡樂器，擅長彈奏，在音樂領域充滿自信。但他在學校也是個不折不扣的失敗者，爸爸媽媽為了照顧他的學習需求，換了很多所學校。現在他已經是讀國中的年紀，但他的語言與數學能力大約只有小學中年級的水準。我剛認識他的時候，要他閱讀和寫字就像要他的命一樣。

小珍的爸爸媽媽找到我，希望我能夠喚起他對於學習的一點點熱情。還記得我們第一次見面時，小珍很直接的告訴我，「老師，我不會寫字喔！我討厭寫字！你不要讓我寫字喔！」

我和小珍閒聊的過程中，知道了他對音樂的愛好，所以我邀請他在平板上找一首他喜歡的歌跟我分享。就這樣，我陪著小珍聽歌，反覆聽了幾次後，我問他知不知道這首歌在講什麼故事？熟悉這首歌的歌詞嗎？

我陪小珍在網路上搜尋這首歌的歌詞，並且將歌詞複製在word檔案上並放大。接著，我邀請他跟我一起唱，唱完一遍後，我問他能不能唸歌詞給我聽。

這是我們第一次接觸。靠著小珍唸完整首歌的歌詞，我對他的語文能力有了初步了解。他是典型學習障礙的孩子，有非常多的錯用字，在注音符號上ㄢ和ㄤ分不清楚，ㄣ跟ㄥ在區辨上也有困難。但當下我只把正確的讀音告訴他，陪著他一起把歌詞唸完。

前幾次碰面，我都讓小珍和我分享一首歌，循著第一次的模式，陪伴他唱歌、唸歌詞，我希望讓他覺得文字並不可怕，文字離他沒有那麼遙遠。我花了一段時間改變小珍對文字的看法，接著就開始帶他閱讀，慢慢練習把生活中的日常記錄下來。這些紀錄有時候用手寫，有時候讓他打字，穿插著練習，不然他會覺得刻板。

在陪伴小珍學習語文的過程中，我需要轉換各式各樣不同的訓練菜單，因為基礎不好的他，面對基本功的學習時，難免會覺得枯燥乏味，一旦他覺得無聊，專注力就會開始渙散，學習效果就變差了！平時我就會收集課程中可以引起他興趣的素材，每一次的訓練也絕對不會跟前一次相同，刻意將一長段的學習切成好幾個段落，讓小珍在有意識的轉換中持續練習。

現在小珍在語文學習上仍然有不少問題，但至少他不害怕文字了。他已經可以自己靜靜地坐著練習撰寫生活中的觀察和小日記，這樣的紀錄也比以往進步很多，過去思緒跳躍缺少細節的他，寫出來的內容真的讓人有看沒有懂，但現在他已經知道怎麼寫出別人能理解的文字，對生活中事物的關注也越來越細節。

曲老師的小叮嚀

一、培養孩子的喜好，讓孩子做自己喜歡的事：成長過程中除了讀書考試，應該還有許多值得孩子努力的事。人生不是只有一種可能，成長過程中除了追求分數、成績之外，還有許多可能性。讓孩子做他喜歡的事，因為做自己喜歡的事會讓生活更有動力，一開始可能只是生活中的調劑，但只要能在自己有興趣的領域持續專注，或許就可以靠這個能力活下去，甚至成為這個領域的專家。

二、發掘孩子的優勢，藉由這些成功經驗帶動學習：在傳統學習環境中，考試成績不好就會被認定是失敗者，大人要練習看到孩子的優勢，不要只看見他的劣勢，也不要因為孩子不會讀書考試就否定他的價值。每個人與生俱來的能力本就不同，在生活中陪伴孩子認識自己，找到自己擅長的事，藉由這些成功的經驗幫助孩子建立自信心，因為這些自信心可以擴散到生活中的其他領域，帶動整體性發展。

第三章

憑藉著超凡的固執，創造多項金氏世界紀錄

——國際泡泡藝術家　蘇仲太

特質本身是中性的，善用它就是天賦，放任它就會成為困擾。固著性可以成為生活中的困擾，也可以是成為某個領域專家的關鍵。

有自閉症特質的泡藝大師蘇仲太，自嘲是泡液大濕，因為每次表演完都很濕。他可以一天十個小時都在練習吹泡泡，這樣超越凡人的堅持與投入，讓他成為擁有超過十項金氏世界紀錄的保

◆**重要經歷：**擁有超過十項金氏世界紀錄的國際泡泡藝術家。

持人！

蘇仲太是國際知名的泡泡藝術家，表演收入最高一次的是赴日本拍攝廣告，當時一場表演的收入可以高達臺幣五十萬！但也不是每一次演出都能帶來這麼高的收入，在泡泡領域沉潛自學時期更是辛苦，剛開始時連一場演出機會都得來不易。而且他往往也不好意思說自己的工作是吹泡泡，因為總會被異樣眼光看待：「啊！吹泡泡也可以當表演？」因為不被認同及不服輸的精神，蘇仲太才開始用打破世界紀錄的方式來證明自己的能力！

青春期苦於拒學和憂鬱症

蘇仲太

◆ **座右銘**：找到自己的天賦，創造屬於自己的機會！

國中時期，蘇仲太經歷了嚴重的憂鬱症和拒學，爸媽曾經帶他去精神科評估，沒有人知道當時他正在經歷什麼，連他自己都不知道為什麼會這樣。從澎湖參加外曾祖父的喪禮回來後，他就像變了一個人似的，早上開始有不想去學校的念頭，開始出現輕生的念頭，曾經割腕、吃安眠藥。整個國中時期都受拒學困擾，前後換了四間學校，從北讀到南，又從南讀到北。

蘇仲太回憶，當時他會把自己關在房間裡，反鎖房門，把房間內所有可以砸的東西都砸爛。也因為他有輔導需求，學校特別安排輔導老師協助他，卻遇到輔導老師性騷擾他。不穩定的內在狀態再加上環境的不友善，讓他這段時期非常辛苦。這段成長經驗過去鮮少有外人知道。

高中時期，在家人支持與陪伴下，他似乎也因年紀增長而比過往成熟，於是逐漸變得穩定，不過相較於小時候的活潑，這時他與他人的互動都表現得略顯陰沉。

即使到現在，蘇仲太偶爾還是會被憂鬱症所困擾，平時需要更有意識地覺察自身狀態，還好有家人與親密戰友的陪伴與支持，讓他能持續朝向自己的理想前進。

喜歡表演，不放棄任何上台機會

蘇仲太小時候就有濃厚的表演慾，只要有機會上台，一定不會放過。雖然自小就有輕微口吃，卻並未對他的生活或人際關係造成太大的影響。而口吃的問題也在他就讀戲劇系時有了明顯的改善。因為就讀戲劇系時需要背劇本，經常反覆不斷唸誦之下，蘇仲太在發音和語暢上就有了很大的進步。他覺得只要是自己喜歡的事就全力以赴；面對喜歡的事情，就不會認為那是挑戰！

從小就有明星夢是他選擇戲劇系的原因。不過，在讀戲劇系之前，他也曾經短暫讀過中文系，因為沒有興趣而常缺課、作業缺交，不到一個學期就被退學，於是他努力準備重考。他說：「選戲劇的原因是我想要當明星，我以為念戲劇系就可以跟演藝圈劃上等號。但後來發現，戲劇跟演藝圈根本就是兩回事。」當年為了堅持理想，他在畢業後一直努力尋找演出機會，不放過任何表演機會，但畢業後兩年平均一年賺不到七萬元，得靠著爸媽的支持生活。

聊到原生家庭時，蘇仲太說他從小跟爸爸互動就很少，但他認為爸爸是超級好人，對部下、對家人都是非常好的人。爸爸對他非常慈愛，當他犯錯後，爸爸也不會罵他，善意的提醒後就默默支持他。

這些年來，他有些內疚自己「不務正業」，但爸爸還是願意養他，也不會講一些莫名其妙的話嫌棄他，雖然跟爸爸很少對話，但他內心依然非常敬愛父親。他覺得自己有父母無條件的支持是幸福的，即便當時似乎沒有好的發展和機會，但他仍然因為有家人的支持而沒有放棄自己的夢想。

「確診」自閉症特質

蘇仲太在二〇〇八年因為小劇團表演認識了張碩盈老師，碩盈後來成為他的女朋友，陪伴他超過十年的時間。碩盈也是他的創業夥伴、並扮演著人生導師的角色，在這十年中，不斷包容和引導著蘇仲太，讓他往對的方向走。

因緣際會下，張碩盈參與了我的特殊教育輔導知能工作坊，後來她主動告訴蘇仲太她的觀察：她認為蘇仲太的自閉症特質相當明顯。蘇仲太獲知這樣的訊息後，也自行上網搜尋與自閉症有關的資料，後來他透過線上的簡易自評後「確診」。

蘇仲太的親密夥伴張碩盈描繪他：「他可以每天都吃一樣的東西，而且持續一週，持續一個月⋯⋯。面對環境當中突如其來的改變，他會招架不住，覺得渾身不自在。生活當中有許多自己的儀式性行為，舉例來說，每天早上起床一定需要抽一根菸，如果沒抽菸，就覺得一天還沒開始。這一年多因為減肥斷食讓他養成喝咖啡的習慣，每天都需要喝咖啡，不然整個人都不對勁。」

前述這些看似固著的堅持，都源自於一些簡單的念頭，而非深思熟慮的決定。不喜歡的事情，他就很難啟動，沒辦法勉強他做自己不喜歡的事情。在學習時，他不擅於處理數學和英文的符號，所以他在求學期間乾脆放棄、完全擺爛，非常的極端！他在生活中也有自己莫名的堅持，不喜歡收納的他很討厭晾衣服和收拾餐具，而討厭的原因很簡單，就是覺得麻煩！

活在妥協與堅持之間

自閉症特質的人存在著社會性互動的困擾，在團體中也容易出現適應問題，但蘇仲太在成年後逐漸找到自己在群體內生存的方法。他提到自己的學校和軍旅生活時說，其實在面對團體規範時，他適應得並不差。對於大環境的規則，他會選擇妥協；如果不得不妥協，就會妥協，如果他可以選擇不妥協，他就會選擇做自己。實際上，蘇仲太小時候在學校，雖然書讀得不好，卻是個乖乖牌。有一次高中老師體罰他，他還跟老師說謝謝，老師嚇到了，擔心蘇仲太是不是笑裡藏刀，之後會想辦法報復老師，下課後趕緊打電話給他媽媽。

蘇仲太在海軍服兵役，軍中的學長學弟制度很嚴格，當學弟的就要配合學長的要求，當時只要學長吩咐的事，他都會乖乖做，連要他去挖馬桶裡的大便這種事也會服從。蘇仲太表示自己比較難同理在軍中被虐待的人，他認為有那麼多人在當兵，為什麼這個人會被針對呢？軍旅生活就是這樣子，要想一想，如果「乖」的話，為什麼別人要針對你？他認為「不打勤、不打懶、就打不長眼」，他當兵時只想要順順利利退伍就好，不要當一個無謂的出頭鳥。不過他也說：「以前在團體生活中可以勉強自己配合，但那個不是真正的我！」對於這樣的描述，可以看見蘇仲太在群體中的生存之道，但也能感受到他無法同理被欺凌者的一面。

不夠社會化的特質

身邊的親密夥伴經常覺得蘇仲太不太能夠站在別人的立場思考，認為他情緒表達太過直接，社會化不足，在面對讓他不高興、不耐煩的事情時，他會直接表現在臉上，一旦惹到他，很快就會發現，因為他的臉會很臭。

因為蘇仲太總是很直接的表達自己的情緒，不管對同事或客戶都一樣，所以張碩盈覺得他很難跟別人一起工作，因為每個人對每件事情都有各自的想法，每個人的想法不一樣是正常的。但蘇仲太比較自我中心，比較不能包容不同意見，不滿的情緒也會顯現在臉上。

對於這點，蘇仲太則提出不同的看法，他說：「我覺得有一點不對，我其實可以接受不同的意見，前提是提出意見的人要有一定的能力可以說服我，或是他在某項領域超越我。」

自閉症特質仍相當外顯

視覺化是自閉症特質者的優勢，蘇仲太自認有一個天賦，就是很會認形狀、很會認臉。他說如果他記得某個人的臉，那麼不管那個人做什麼裝扮，他都能夠認得出來。他覺得自己比較視覺化、圖像化，但要他記住人名卻非常困難。

自閉症特質的人在執行功能上相當受挑戰，因為組織能力常會是他們的難點，這部分也常顯現於溝通表達上。蘇仲太就說，很多時候他講話比較沒有邏輯，東一句西一句，缺乏連貫性，想到什麼就說什麼，非常跳躍。我在訪談中也發現，他不太能回答假設性的提問，甚至無法揣摩自己當年的想法。舉例來說，想要讓他聊聊自己小時候的想法，他的回答是「無法揣測過去自己的想法」。

自學泡泡表演，遇上貴人

在鑽研泡泡以前，他的生活沒什麼目標，渾渾噩噩的，有臨時演員機會就接、有試鏡就去試、有臨時工就去打，心裡常在幻想，某一次的表演被導演看到，最後變成明星。但幻想就和泡泡一樣破滅，所以大學畢業後，他索性隨便找個工作，當一般上班族。

進入職場後，經歷在工廠工作受傷、信用卡辦卡業務受挫時，他都選擇了逃避，沒有想辦法克服。回想起這些往事，他認為自己這樣的做法是孬種，應該做好才離開，不應該直接逃避，因為逃避會變成日後的遺憾。

他的自學能力很強，泡泡表演是完全靠他自己摸索出來的！只要他喜歡的東西，他就是可以不斷地練、不斷地練，就跟它拚了！

能夠和老字號泡泡工廠和盛企業結緣，靠的就是他的堅持和不在意他人眼光。他一開始寫信給這家泡泡工廠時，他們沒有回應。第二次他就寫信加上打電話，對方還是沒理他。直到第三次聯繫，對方才有回應，他才有機會跟泡泡工廠負責人碰面。會談時，他把自己整理的想法和資料跟對方分享。

原本以為對方只會給他一桶泡泡水打發他，但相隔約二個月後，公司的小老闆林劭錡打電話告訴他，公司在二〇一一年十二月二十三日，想讓員工在玩具展公開打破世界紀錄，在這之前，林劭錡希望蘇仲太能有段泡泡表演做鋪陳，問他有沒有興趣幫忙，並且歡迎他去公司練習，可以無限使用泡泡水。

他馬上就答應了，接下來每天就到泡泡工廠練習，除了泡泡水無限使用外，林劭錡還教他許多與泡泡有關的科學知識，讓他可以在表演上運用這些以前從沒接觸的冷知識。

現在回想起來，蘇仲太認為一切都是註定，在對的時機、碰到對的人、對的事、拿出對的精神！練習泡泡的成本很高，市價一公升大約兩百元，一天需要消耗十到十五公升，一天就要耗掉三千元，三個月下來花費超過三十萬元。所以蘇仲太說：「劭錡是我泡泡表演路上的恩人，沒有劭錡，就沒有現在的泡藝師蘇仲太。」

不放棄的堅持

張碩盈認為，蘇仲太在與廠商聯繫初期，不害怕被拒絕，這件事真的很帶種。但他本人倒是看得簡單，認為這件事情是天註定的，他就是必須要做這件事。

至於練習吹泡泡的過程，完全就是自學，這個歷程沒有人可以參照，完全靠自己摸索。由於是表演，他要跟泡泡有一個和諧的畫面，不是只有吹泡泡而已，整體要看起來美、調和、兼具藝術性和娛樂性。因為他天生愛表演的基因和動力，加上後天舞台表演的訓練，以及不斷苦練，追求自我突破，因而讓他在泡泡表演的世界闖出一片天。

關於泡泡的基本原理是林劭錡教他的，像是泡泡的顏色；表演則全部是他自己摸索出來的。他說：「一開始，也真的很爛，爛到我自己都不敢看。現在回頭去看以前的演出，還是覺得以前很糟，十年後看現在的自己可能也會覺得自己不夠好吧。」

繼續發揚泡泡夢

未來，他和張碩盈想要蓋一個屬於自己的泡泡王國，或是泡泡基地、泡泡博物館，藉由這個地方讓更多人感受泡泡的多元性，讓泡泡可以是表演、是體驗教學、也是科學、泡泡更是人生的體悟，「**人生就像泡泡一樣，泡泡雖然短暫，但它依然在有限的時間內綻放出絢爛的光彩。**」

蘇仲太想要和張碩盈一起把泡泡做到極致，並同時搭配自己開發中的泡泡俠IP，讓泡泡俠當作媒介，有機會推廣泡泡的多元創意，夢想創造泡泡產業鏈，培育更多喜歡泡泡的人才！雖然目前這還是幻想，但也要勇敢做夢，給自己一個嚮往與向前的目標。

在言談中，我能感受到蘇仲太對於泡泡藝術的熱情、自信以及執著。對他來說，幫助最大的是有一個「支持他的家」和遇到「願意一起奮鬥並給自己忠告的伴侶」，無論他的狀況再怎麼不堪，家人對他始終不離不棄，伴侶永遠在一旁耐心導正，協助他走往正確的路，他們心中始終相信著他，在身邊默默支持他，他認為這是自己最大的幸運。

曲老師的看見

蘇仲太在成長過程中一直不那麼認識自己，他也曾經在成長過程中碰壁，困在自己的小圈圈走不出去。他的固著性，不擅與人交際的狀態之所以最終沒有壓垮他，最主要的原因就是主要照顧者（重要他人）的理解和陪伴。

蘇仲太的父親即便在兒子畢業後不務正業，一心一意追求明星夢，也始終選擇默默支持他。這點對於許多父母來說是困難的。

不過，換個角度想，蘇仲太之所以有現在的成就，也要歸功於他的固著性，要不是他對於泡泡表演那麼堅持，可以日復一日不間斷練習，也不可能不斷打破紀錄，成為現今泡泡表演的金氏世界紀錄保持人。

在輔導工作中，常會遇到爸媽對孩子的固著性束手無策，我常提醒他們，如果這個固著性沒有影響到孩子的生活功能，沒有影響到平時和他相處的人，就沒有必要花時間「糾正」他們。**順應著孩子的天性，他們就有機會找到他們人生的最愛，這些最愛有可能成為他日後的志業！**想一想，世界上每個領域厲害的角色，是不是都有著這樣的固著性呢？

成年後才「確診」的蘇仲太似乎對於己身的特質有更深一層的認識，他對自己的自閉症特質毫不避諱，對於自己的社會性互動能力和固著，也已經和日常生活有不錯的調和。

過去有不少自閉症的成年人回溯自己的成長經驗時都提到，被醫生確診後的感覺是一種救贖，就像撥雲見日一樣，一切似乎都有了合理的解釋。不過，在學生時期，這樣的標記對許多孩子來說是沉重的，因為環境的不理解，人性的陰暗面讓原本中性的標籤變得不那麼純粹。

診斷名詞只是幫助孩子認識自己的一種方式，越能客觀看待與理解自身的特質，才能在這樣的基礎上發展自己所需的策略，更好的適應與融合。逃避診斷是沒有意義的！孩子的外顯行為就是最真實的標記，一個孩子沒經過特教鑑定，但他一天到晚在學校與同學和老師發生衝突，日子絕對不會比較好過。

人可以想辦法適應環境，也可以創造適合自己的環境。我通常會建議孩子，在能力不足時蟄伏，識時務者為俊傑，努力充實自己，才有機會轉化蛻變。社會化不應該是貶義，社會化也不是虛偽做作。**社會化的基礎其實是同理心，能站在他人的立場思考，才有機會和他人有好的協作。**社會化的人也可以保有真誠，真誠的面對自己的感受，真誠的對待別人。

曲老師的陪伴

在我身邊有太多和蘇仲太一樣特質的孩子。我常開玩笑的說，我身邊有鐵路專家、冷氣專家、汽車專家、大卡車專家……。他們通常都有自己明確的興趣領域，這些領域不一定非常熱門，但在跟他們互動時，他們總是能在自己有興趣的主題上滔滔不絕，但也容易因為這樣的互動模式對他人產生壓力，在成長過程中不容易與他人建立穩定的關係。就像韓劇《非常律師禹英禑》中的禹英禑，她只要說到鯨魚就有無限的活力，但沒那麼喜歡的同事卻覺得一直聽她說鯨魚的事情有點困擾。

這些孩子之所以能成為「專家」，通常源自於自閉症特質的固著性，但這樣的特質卻又可能成為人際互動時的阻礙。也因為如此，很多家長會選擇禁止、阻斷，避免讓孩子過度沉溺於自己的興趣愛好中，但我認為，**尋求生活的平衡點對於這樣特質的孩子來說是重要的**。

舉例來說，很多孩子來見我，總要跟我分享這段期間他在自己興趣領域的突破，我都會耐心地傾聽，並從聽的過程中找出可以延續討論的主題，甚至藉由他們有興趣的事情連結到他們不擅長的事情上。我也會鼓勵他們，利用自己的興趣領域和別人交朋友，練習和別人互動，完成更有難度的任務。陶璽的營隊活動中，就有很多類似牛郎織女的故事，這些孩子身處不同環境，平時倚靠通訊軟體聯繫，相約在寒暑假來營隊活動碰面，活動中會暢談這段期間自己在共通興趣領域的精進，真的就像是不同地區的學者專家研討會一樣。

曲老師的小叮嚀

一、**幫助孩子調節生活中的壓力，重視青春期孩子的變化**：自閉症特質的孩子因為社會性互動的困難，不容易藉由人際互動方式排解壓力，若再加上固著的特質，讓孩子往死胡同鑽，那心裡的結就更難化解了。這樣的變化在青春期尤其劇烈，大人要更有意識的覺察孩子承壓的狀態。

二、**大人穩定的堅持是關鍵**：自閉特質的孩子因其感官過度敏感，環境刺激容易影響他們的穩定度，很多時候可能對環境造成干擾，互動中父母的不理解和情緒的不穩定容易讓原本單純的問題變得更為複雜。

三、**尊重孩子的喜好，不要阻斷孩子發展自己的興趣**：善用自閉特質孩子的固著和堅持，因為這樣的堅持有可能讓孩子找到屬於自己的一片天地，也會是未來人際互動的重要來源。

第四章

有妥瑞氏症卻能靠親和力稱霸進口車銷售業

——瑪莎拉蒂最強業務員　張家銘

◆**重要經歷：**從Toyota、NISSAN、Audi到Maserati（瑪莎拉蒂），歷經近二十年的汽車銷售工作，在瑪莎拉蒂服務十四年，是單位中最資深且業績最穩定的業務員，也是現任公司中唯一被派去義大利進修三次的成員。

《遠見雜誌》曾經於二〇〇八年二月封面故事報導過一個令人印象特別深刻的個案，故事主角是民國六十七年次的張家銘，他從Toyota、NISSAN、Audi、到Maserati（瑪莎拉蒂），歷經近二十年的汽車銷售工作，在瑪莎拉蒂服務十四年，是單位中最資深且業績最穩定的業務員，也是現在公司中唯一曾三次被派往義大利進修的員工。一星期就可以賣出好幾台超過千萬的高價跑車，在別人眼中是不可能的任務，但對他來說，是這些年來一點一滴培養出與客戶信任關係的成果。

張家銘的外表亮眼又時尚，他從價值約五十萬的Toyota、NISSAN賣起，再到一百多萬的Audi，讓自己能越賣越貴，年薪也從一開始的不到一百萬提升到現在超過三百萬。他認為在職場上要不斷提升自己，除了銷售專業，他也每個月投資至少六萬元在培養自己的品味力，像是學習打高爾夫球、品酒，也培養音樂與藝術鑑賞的能力。張家銘不僅對各種不同品牌的故事如數家珍，加上他與生俱來的親和力，讓他能緊緊抓住頂級客戶的心。

張家銘

◆**座右銘：**沒有賣不出去的車，只有不懂銷售的業務！

對談時，張家銘的肩膀抽動仍然明顯，這是妥瑞氏症對他造成的影響，他從小就有妥瑞氏症（Tourette Syndrome，主要症狀是會不自主的動作異常，醫學上稱之為tic〔抽動〕），和他相處一段時間後就會發現。直到四十多歲，他仍需與抽動共存。

越告訴他不行，越要試試看！

張家銘從小就很難靜下心來看書，求學時期的成績慘不忍睹，情緒控制也很有問題，常常在學校與同學起衝突，三不五時就被叫到訓導處被老師訓話。但即便如此，他仍然抗拒權威，無法服從規範也讓他一直都是老師眼中難搞的學生。

直到當兵，張家銘才被發現原來有妥瑞氏症，因而提早退伍之後，他選擇從汽車銷售這個工作出發。他提到自己不喜歡被約束，喜愛挑戰，也喜歡挑戰主管。就像主管有一次在例會上提到，「做我們這一行的，不太可能光靠打打電話就完成銷售，要想辦法約客戶來門市看車。」衝著這句話，他就想要做給主管看，完成電話銷售後在例會上打臉主管的說法，而最後，他也確實透過打電話就賣給陌生客戶一輛車。別人說不行的，他偏要試試看，這樣的特質也讓他在業績上屢創佳績。

雖然他喜愛挑戰，在專業工作上卻一點也不馬虎，完全奉行銷售流程中的標準作業程序，他認為這是最安全也最讓客戶信任的做法。因為堅持這一點，雖然他在發現單位可以改善的地方時總是直言不諱，但即便不喜歡他的上司也拿他沒轍。遵守工作規則、受客戶喜愛、業績做得好，這是他能在汽車銷售業長期存活的關鍵。

妥瑞氏症的影響

在特殊教育法中，妥瑞氏症屬於情緒行為障礙，除了常有抽動的表現，在學習與情緒調節上也容易有狀況。張家銘提及自己如何面對妥瑞氏症時，說他過去常常會想要壓抑自己的抽動，這個過程是辛苦的，也會讓他感到疲憊。等到確診後，好像過往的一切都得到解答，他也開始理解自己為什麼會出現這些行為。

張家銘不僅工作認真，平時也積極投入社區事務。擔任社區主任委員的他，常常半夜還在四處奔走，協助住戶處理大小事，和他熟識的朋友都戲稱他為里長伯。試想，什麼樣特質的人能白天四處奔走爭取業績，晚上又經常不睡覺，在不同大樓和不同門牌內穿梭走跳？我想沒有先天特質的影響是很難辦到的，妥瑞氏症特質的人在情緒或行為表現比常人更容易產生困難，但只要習得一定的控制能力，善用這種與生俱來的天賦，他的活動力通常比一般人更好。

張家銘在業務工作上永遠保持衝勁，這樣的內在動力是與生俱來的，面對銷售工作，即便被客戶拒絕，也可以快速復原，就像金鋼狼有再生能力一樣。他認為自己最大的優勢就是真誠與親和力，平時很容易和他人打成一片，就是因為他很「真」。

因為在情緒表現上直接，只要調適得宜，就能讓人感受到他的真誠與熱情，他覺得這是妥瑞氏症帶給他的禮物，工作時不挑客戶，面對任何人都以誠相待，他認為**每個人都應該把自己的特質發揮到極致，因為這些特質就是每個人與生俱來最重要的資產**，他能在汽車銷售產業走出自己的一片天，就是因為他忠於自我，將自己的特質發揮到極致。

不隨意貼標籤

張家銘已經四十多歲，但抽動的問題仍然非常明顯，初次見面的人往往會有些疑問或是跟他相處起來覺得不自在。近年來有不少電影中的主角和他一樣有妥瑞氏症，像是《叫我第一名》、《我的嗝格老師》、《我的名字叫可汗》，讓越來越多人知道抽動是怎麼一回事。妥瑞氏症是一種神經生理機制的疾病，因為中樞系統異常，會反覆出現不自覺的動作和聲音。最常見的是快速短促的眨眼睛、噘嘴、聳肩和搖頭晃腦等。

前一段時間，網路上的一則發文引起討論，有妥瑞氏症小朋友去電影院看《捍衛戰士》時，因為他在觀影時不斷發出聲音，被其他民眾抗議。我想這些抱怨應該是在不理解這個孩子的情況下發生的，但即便知道是妥瑞氏症造起的，仍然會影響大家看阿湯哥的興致。面對這樣的情境，有沒有更好的作法？網路上掀起許多討論。

如果是我，我會選擇等到這波熱潮過去，再帶孩子去看電影。另外，盡可能選擇人少一點的場次進場。我覺得別人不容忍不能說是社會殘酷，當我們的特質影響到其他人的權益時，別人本來就沒有必要無條件包容。我常跟孩子們說：「遇到有人願意幫忙你，體貼你，這是幸運，但不能把別人對你的好視為理所當然，應該心懷感激。」

也有人說要請電影院加開一些場次給妥瑞氏症和過動症者，但我覺得沒必要用診斷名詞標記這個場次，不如開放一些場次給親子參與，因為爸爸媽媽還可以邊看邊解釋，這種場次也能提供給那種喜歡邊看邊討論的人。

不過並不是所有的妥瑞氏症都會不斷發出聲音，他們還有許多種不同的表現，也都有屬於自己的優勢和天賦，在我身邊就有許多在不同領域發揮所長且表現優異的妥瑞氏症成人。希望這個事件能增加社會大眾對妥瑞氏症的認識、理解與關懷。

自然反應，無須刻意關注

無法控制自己發出聲音或是有明顯抽動的孩子，在求學時期中是辛苦的，就像張家銘一樣，他需要刻意壓抑自己的抽動，好讓其他人認為他沒有什麼不一樣。但這樣的狀態對成長過程中的孩子來說很辛苦，無法控制抽動的內在壓力有時候反而會讓抽動頻率變得更高。對此，我認為就讓身體自然反應，知道自己正在抽動，這樣就可以了。這些抽動和聲音如果不至於影響到環境中的其他人，真的一點關係都沒有。

每次我只要遇到有妥瑞氏症的成年人，都會好奇的問他們，成長過程中有沒有人教過他如何面對這樣的狀態？大部分的答案都是否定的，他們通常都是靠自己慢慢摸索，才找出和這種狀態共處的方式。

曲老師的看見

對於張家銘的特質，我們可以想像當他在還沒有好的掌控能力前，很容易在環境中引起麻煩，因為他習慣挑戰環境的約束和規範，和他相處的老師、同學、主管、同事一定常感覺到壓力。但他坦然面對自己的特質、忠於那個第一時間不被環境接納的自我，也讓張家銘走出屬於自己獨一無二的風格。他任職公司的董事長就曾經在公司向其他業務同仁們說到：「去看看Ansen是怎麼賣車的！但大家也不用學他，因為你們其他人是學不來的！」一面對妥瑞氏症，**自我接納和環境的接納比治療更重要**。我認識的一個學生心榆，她的領悟力高，因而自己能發展出一套面對妥瑞氏症的策略，但並非所有人都能如此。從心榆的生命經驗可以知道，環境的理解與支持、自我調節的策略是她能穩定發展的關鍵。

這不是第一個妥瑞氏症的夥伴告訴我他可以壓抑自己的抽動，但他們也同時都告訴我，那種狀態會給自己帶來極大的不舒服。要能與自己的症狀共處，關鍵仍在對自己的狀態有高度的了解，需要透過一次又一次的覺察與整理才能漸趨成熟。對於成長中的孩子來說，如果旁邊有人可以告訴他，問題可能會更快的得到緩解。

不是所有妥瑞兒都需要藥物治療，有三分之一以上的人在青春期後症狀會消失，另外三分之一，症狀會減輕，只有不到三分之一的人會持續到成年。除了藥物治療，行為療法也可以幫助與妥瑞氏症和平共處。

面對環境的誤解，父母和師長應該先對自己有足夠的認識，對自身狀態有好的掌握才會讓孩子對自己有信心。我常鼓勵有妥瑞氏症的孩子們，他們的出現是有意義的，他們讓其他人知道人類世界的多元樣貌，不需要因為自己的狀態自責，這並不是他們願意的，不要因為抽動而自卑。不要忘記，妥瑞氏症只是生命的一部分而非全部，我們可以放大其他特質，當你找到自己有熱情的領域，能夠把事情做好，就像張家銘可以成為頂尖的汽車銷售業務員，會不會抽動就不再是最重要的事了。

曲老師的陪伴

妥瑞氏症過來人的成長經驗是怎樣的呢？

正在就讀中正大學社會福利學系的心榆和我分享，她立志成為助人工作者是因為從小受妥瑞氏症困擾，加上高中時期曾目睹同學想要從學校高樓層往下跳。小時候抽動頻繁，在學校環境中特別明顯，同學覺得她很怪，常投以異樣眼光。加上她易怒，無法收斂自己的脾氣，所以她小學時人際關係緊張，常常被同學欺負，甚至遭遇集體霸凌。

心榆在成長過程中一直試著壓抑自己的抽動和情緒。她表示可以壓抑自己的抽動，但是這會讓她非常不舒服，尤其是上台十分鐘後下來，她需要花好長一段時間才能回到穩定的狀態。她的對應策略是找一個沒有人的地方發洩，像是廁所或空房間，那時候就是放任自己做任何怪表情，釋放那個抽動，有時候甚至會大哭。

她很敏感，從小就很容易察覺到別人的情緒，所以她知道自己的行為會讓人有什麼感覺，她也知道自己真的比其他人容易生氣，她常常會想為什麼別人不會這樣？也因為她比較敏感，除了感受到其他人情緒細微的變化，也比較早開始能自我控制。這樣的狀態從國中開始才慢慢好轉，加上遇到一些參與活動的機會，像是代表班上去比賽、參加童軍團……等，她逐漸對自己有些自信，人際關係在國中時期也有非常明顯的進步。

現在回頭看，她認為自己**改變的關鍵是覺察力**，當她開始覺察後，會找時間記錄自己的狀態，她覺得書寫這些狀態對於調節她的情緒很有幫助，會讓她變得平靜，控制力也越來越好，但她不知道自己是怎麼學會的，也不確定是如何開始的。她很確定的一點是，這一路上，沒有人教她，她多半都是靠自己摸索，自己練習調節，無論是壓抑自己的抽動和情緒，或者是覺察和整理自己的情緒。

此外，交朋友對她來說很重要，一方面是因為小時候曾經被排擠，再來就是她的敏感也成為自己交友的優勢，容易察覺別人的變化，一方面能更快速調整和修正自己的行為，另一方面也能更體貼別人的需求。她認為交友的能力應該算是她的優勢。

妥瑞氏症的孩子在成長過程中真的很容易被誤解，心愉認為環境的理解和支持很重要，如果有人可以在她小學的時候幫助她，當時她就不會過得那麼痛苦了。

曲老師的小叮嚀

一、無須過度關注抽動，把眼光放在其他的表現上：抽動是妥瑞氏症孩子無法控制的，生活中無須強調孩子的抽動，將注意力放在能掌握的事情上。我們越在乎孩子的抽動，孩子也越容易感受到壓力，對於緩解抽動是沒有幫助的。

二、引導孩子認識自己的特質，練習接納自己的不一樣：抽動是一個外顯的特質，在團體中很難不被他人察覺，也因為這個狀態是外顯的，在成長過程中就要更早一步讓孩子有能力直接面對自己的不同。學習理解自己為什麼會有這些行為，學習接納自己的不同，學習用更輕鬆的方式面對自己的狀態，孩子才能活出自信與自在。

三、善用孩子的「真」，學習控制情緒，也學會保護自己：直接表達想法與情感不是壞事，對於有這種特質的人來說，真誠坦率是常見的，也讓他們容易拉近與他人的關係，但若缺乏好的調節能力，也有可能讓自己得罪人惹上麻煩，甚至被有心人欺負或操弄。因此讓孩子學會真誠的表達但不傷害到別人，也是很重要的。

第五章 享受喜歡「動」而靜不下來的特質

——臺灣體驗教育推手 謝智謀

◆**重要經歷**：臺灣戶外體驗與冒險教育家、國立臺灣師範大學退休教授，曾獲全國優良教師、師鐸獎，美國體驗學會「實踐家獎」首位非美籍得主、TED 講者。

謝智謀小時候被父親家暴，青少年時期曾經混幫派、接受保護管束，但他在三十年後成為臺灣體驗教育教父。他談到自己的注意力缺陷過動症時說，在他那個年代，診斷還不流行，沒有人理解注意力缺陷過動的特質，自己也缺乏適當的引導，加上個性暴躁，才會做這些事。不過他也自嘲，如果生在這個時代，自己也應該會因為注意力缺陷過動症而被抓去吃藥治療了吧！

他分析自身過動的特質時提到，他屬於喜歡動態、喜愛多元，腦袋適合比較多元的刺激，熱愛挑戰，面對環境變化不會有太多恐懼害怕，所以他選擇讀體驗教育、從事冒險教育，剛好和自己的本質是接近的。

過動特質需要被善待和引導

回憶起小時候，謝智謀認為要是當時混黑幫的自己能遇到一群良善的人，引導他將過動的特質轉化到別的地方，自己可能會更好。他自覺不擅於應用文字，當時他是被迫要熟悉文字體系，

謝智謀

座右銘：把全世界當教室，不要把教室當全世界。用背包代替書包，用山路代替網路。用勇氣代替放棄，用夢想代替幻想。

這點卻和他的天性大相逕庭。

對於和自己一樣有注意力缺陷過動特質的孩子，他覺得爸爸媽媽絕對是重要的關鍵！父母如果不理解、沒有輔導這種孩子的經驗，也要想辦法尋求他人的協助。爸爸媽媽在孩子成長過程中要滿足孩子大量的活動力，讓他的身體滿足，在生活中提供足夠的活動機會，消耗多餘的精力，動夠了，孩子就比較能靜下來。每個孩子都有自己的天賦所在，如果童年時期有人可以陪伴自己、引導自己，或許就會有很大的不同。

認知學習能力讓他有更多選擇

不過，他覺得自己仍然是幸運的，因為會念書，讓他至少在想要轉變的時候可以選擇靠念書改變自己的生命，但不是所有孩子都像他一樣適合念書。在穿著短褲、涼鞋和背心被送進看守時，從中壢分局前往地方法院的路程中，一路上所有路人都在罵他，「破少年」、「垃圾」、「警察局槍斃」。

這是謝智謀生命中的一個「痛」，也是一段尚未「自我接納」的經歷，所以，他立志從今以後「要讓所有人都看得起我」。

覺醒的他，對於自己的人生開始有不一樣的想法，不希望自己的餘生在犯罪與監獄中度過，他很清楚唯有透過念書考試才有機會改變自己的命運。後來會選擇念體育科系，也是因為了解自己的過動特質，認為在體育學習上可以展現自己的優勢。

有價值的路不是只有讀書考試

他認為不是所有孩子都能在讀書考試上找到成就感，也就是他們沒有所謂的讀書命，但他們肯定有做其他事情的命，只是大人往往覺得這樣的孩子還是該念書。這點讓他覺得很悲哀，很多孩子喜歡潛水、喜歡划獨木舟，他覺得這些都是很有價值的路，但大人往往不這麼認為，他覺得對這些孩子來說真的太委屈了！

他說自己陪伴的飛行少年中也有很多是不安於室的，他們的思想很跳躍，是愛動的人，其中有八成左右的孩子有注意力缺陷過動症，但觀察他們玩獨木舟，就會發現他們也可以很安靜，所以重點是要看有沒有需要他們靜下來的環境，這就是他們與生俱來的特質。

他在這些飛行少年身上看到他們的善良，當生命是滿足的，他們就能展現良善的一面，但父母和學校總是看不到。我們的大環境總是慢很多拍，往往等到出事了才要想辦法補救，而不是一開始就給這些孩子機會，我們的教育應該在一開始就為這種特質的孩子打開一扇門，讓他們的身體滿足，讓他們有機會走自己的路。

整體來看，其實只有百分之三十左右的孩子適合傳統的讀書考試，有百分之五十的孩子是被迫而勉強自己坐在那裡學習，而有百分之二十的孩子根本不適合這樣的學習，但我們的教育環境還是太單一了。

享受喜歡「動」，靜不下來的特質

謝智謀到現在仍然喜愛多元，面對單一就會覺得很無聊，他需要同一個時期做很多元的事情，生活中需要多元刺激，才會覺得有樂趣。他自覺「動」是自己生命的屬性，從美國留學回來在體育大學任教時，一年中有一百多天都待在戶外，曾經一年往海外飛超過四十五趟，帶學生挑戰攀登喜馬拉雅山；把學生丟進深山中學習獨處，帶弱勢青少年到紐西蘭挑戰一千兩百公里的單車環島。

除了冒險教育的課程，他也帶學生到世界各地從事服務，像是在尼泊爾、印度、泰北募款、蓋學校、建教室和義診；幫助非洲坦尚尼亞的小學蓋廁所，教當地的孩子們拍照。即便每一次出行都有非常多不可預期的狀況發生，但他非常享受活動中的不同挑戰和刺激。

不過生命到達某個階段後，他覺得只有單純的挑戰好像還缺乏些什麼，這也是影響他走向服務工作的原因。他知道自己可以讓他去過的地方變得更好，服務也是挑戰，但不像登山那樣是在征服，服務是在挑戰社會的結構，嘗試解決問題，讓他人賦能，這種挑戰更複雜，服務比單純的冒險更具挑戰性。對謝智謀來說，每一次的服務工作就像爬一座大山一樣，要征服的是一座社區的大山。

內心住著一頭野獸，一不注意就會傷人

談到自己的情緒控制，謝智謀坦然分享自己年輕時的情緒調節問題。他剛到臺師大任教時，還曾經差點失控打了物理系學生。年輕的他生氣時就想揍人，脾氣很衝，時日漸久後才慢慢調整，一方面得益於體驗教育中覺察反思的練習，另一方面是知道社會對自己這個大學老師角色的期待。他開玩笑說：「一不小心就會被告啊！」近五年來，他的脾氣收斂不少，調整比較大。

他覺得注意力缺陷過動的特質其實很不容易調整，就好像自己內在有爪牙似的。過去帶體驗教育時，他也曾經飆罵指導員，遇到他們沒把事情做好的時候，他就會直接飆出來，那個比較原始的自己又會出現。他自認還不錯的一點是，活動結

束時，他通常會冷靜下來，試著跟學生道歉，向學生說明自己的狀況。

不過，一直以來他的個性都比較衝，講話也比較直白。近五年的轉變一方面可能跟年紀有關，但真正的改變應該是他花比較多時間在整理自己內在的狀態。就像他的新書《你的賦權，是最好的成全》中談到「安靜」，因為現在社會資訊太多太快，他不斷提醒自己要用安靜的心來面對這個世界，安靜的心才能洞悉這個世界。

各自有各自的生活方式和文化

提到家庭時，他說：「五十四歲以前，我大多在外面，直到四、五年前哥哥過世後，我刻意讓自己回來，整理自己過往的生命經驗，重新打開傷害，帶自己看見，把自己帶回來，重拾自我的過程，也讓我跟我的家人和親戚走得比較近。其實我知道自己的生活模式跟大多數人不一樣，我離家那麼久，對我的家庭來說很挑戰，我的太太要能接納我的生活方式，因為有時候一出去就很久都不能聯絡，也讓我的家庭風貌和別人的家不同。」

謝智謀的太太曾說過，他的房間基本上跟難民營差不多，總是亂七八糟的。但他認為這就是注意力缺陷過動症厲害的地方，即使在這麼亂的情況下還能做事。他說自己從小就是這個樣子，喜歡自己有一個空間做事，他認為連這樣都能念到博士畢業了，還有什麼好管的。

不過，他也提到，自己的房間是個人專屬空間，家裡其他的公共空間就要整齊，只有他的房間因為是自己的，所以能允許自己這麼亂，不亂好像自己也受不了。對他來說，這就是某種程度的自我接納吧。他認為這是注意力缺陷過動症的「文化」，屬於注意力缺陷過動症獨有文化的個別性、差異性。過去，在服務的過程中，他也常提醒學生要尊重每個人的文化，強勢想去改變，對文化也是一種不尊重，也就是所謂的不平等。

即便有過動特質，訓練後一樣能有好的學術能力

他認為在臺師大任教九年，能有這樣的學術能力是奠基於自己過往在美國六年的學習。他說在美國讀博士時遇到一個非常嚴格且有躁鬱症的指導教授，這位教授要求非常嚴格，他的博士論文寫了兩年半，在這位老師指導下，畢業時得到全美最佳論文獎。他當時也擔任指導教授的研究助理，學術訓練非常扎實，他認為基礎穩了，後面就輕鬆了，養成的學術能力和習慣對於自己後來回國在大學任教很有幫助。

當學術研究已經成為自己的能力後，注意力不集中對他就不再那麼有負擔了，做這件事並不會消耗他太多注意力。他認為在大學工作只要能滿足評鑑就好，他並不追求成為大量發表論文的學者。他剛回國時，曾經去應聘中央研究院的研究工作，他很慶幸自己當時沒有被錄取，讓他有機會能選擇走向教學、實踐、服務，因為這和他的特質才適配。

對立違抗的特質

這麼多年下來，做課程、帶學生服務他都不會累，一點都不感覺辛苦。反而是跟高層對話會讓他有疲憊的感覺，因為他從小就對權威存在著反叛的心理，簡單的說，就是遇到權威就會很不爽，尤其是聽到在上位者鬼扯，更是一肚子火。

他覺得自己對無理的權威與官僚沒有辦法那麼寬容，他就是一個混街頭長大的學者，面對那些經費報銷、核銷的行政流程讓他很心累。雖然帶學生去做服務，身體很疲累，物質生活也很辛苦，但整個過程卻讓他很滿足。看到別人的改變，他很滿足，一點都不會累。

其實他曾經在體制內的國中教書，一年就受不了了，於是選擇逃離。他辭職那天在辦公桌上留下一張紙條，上面寫著：我是屬於大海的動物，需要大一點的空間。後來去私立商專教書時，他也很痛苦，連辭職都沒有就跑去國外念書，他的內心其實很反抗這個體制。比較幸運的是，他從美國留學回來後，他所讀的科系「體驗教育」當時在臺灣並沒有那麼風行，所以能進入大學教書，在大學服務，大學的自由度比國中小好太多了。

為世界帶來不一樣風景的想望

當時他做的冒險治療，帶飛行少年爬山、騎單車，社會工作者們都很喜歡，因為當時應用體驗教育於弱勢生輔導是比較少見的，推動體驗教育，將引導反思、對話提問帶進臺灣的教育圈和應用於助人工作。他覺得是自己運氣比較好，當年才會被看見與認可。

二〇二二年，謝智謀退休了，因為他認為當公務員限制太多，一個小小的學校不可能綁住他的思維，他想要一片天空。他想為這個世界帶來不一樣的貢獻，現在六十歲選擇退休，他可以啟動下一個生涯。但如果他等到六十五歲退休，下一個生涯可能無法啟動。他認為現在退休的好處是自己可以啟動下一個生涯，有想做的事，可以再做十年，做到七十歲。

信仰對他的自我調適是很重要的幫助，生命當中有一個渴望和乞求的時候，信仰給他很重要的依靠。他相信不管怎麼樣，上帝是看顧自己的。上帝要他做，他就會繼續做，如果有一天沒錢、沒人了，上帝要他關了，他就不做了。這就是他的信念，也是他日常生活的行動。

曲老師的看見

謝智謀的生命經驗能非常戲劇化的翻轉，其實得力於他有一顆不錯的腦袋，先天認知學習能力的優勢讓他想要改變時的障礙沒有那麼大。這是幸運的！因為很多孩子並不具備像他一樣的能力，先天特質加上學習能力不佳，讓孩子的學習適應困難重重，在學業上得不到成就感，和同儕沒有好的協作關係，內在的能量自然而然就要尋找出口，這時候就不一定能經得起環境中的誘惑。

環境中的重要他人對孩子的影響不容忽視，在這種搖搖欲墜的狀態下，如果大人仍然只想憑權威左右一個孩子的生命，沒有想辦法接住他，那是行不通的，這樣粗暴的便宜行事只會加劇孩子的對立和反抗特質影響。

理解自身的特質，選擇適合的環境是重要的。如果今天可以依據每個人不同的特質和需求量身打造一個專屬的學習環境，那麼每個人應該都不會適應困難。但現實狀況並不容易達成，在既有的選擇中，很難有百分之百適合的。但只要大方向不偏離，我相信生命會在這樣的狀態下開始成長。

另外，我們可以看見謝智謀對於自我生命狀態的坦然，他容易暴怒的脾氣、沒有耐心面對官僚權威、甚至有一處被允許混亂的空間，雖然不能說這些是每個具有注意力缺陷過動特質者生命的必然狀態，卻是許多有這種特質的人共通的生命經驗。

怎麼樣讓這些狀態不成為生活中的障礙呢？關鍵其實也包含周遭人的理解和支持，謝智謀在對談中多次提到家人對他的容忍，甚至這麼多年下來，家人間已經找到一些平衡點，找出一套彼此和平相處之道。這對於身邊有注意力缺陷過動特質的人來說並不容易，但如果理解這些特質，理解了他們的行為模式，就會知道怎樣和他們相處，這些年來，我一直都認為**雙向改變才是促進環境能產生質變的關鍵**。

謝智謀不諱言，過動特質對他生命的真實影響，他也提出**注意力缺陷過動特質的人也有一種專屬的文化和生活方式，如果大人們能從這樣的角度看待孩子，了解孩子的處境，能好好接住孩子，他相信會很不一樣。**在這種狀態下，孩子的沒有秩序、天馬行空是被理解的；孩子對制度和權威提出質疑和反抗是被理解的；他們的生活需要保持一定程度的彈性，需要的活動空間更大，日常生活的變動速度可能更快速，這些都是屬於他們這類人的文化的一部分，旁人需要花時間理解，並在互動中適度加以尊重。

曲老師的陪伴

在我身邊有許多和謝智謀一樣特質的孩子，注意力缺陷過動特質明顯，沒有好的控制能力，經常影響到環境並造成他人困擾。其實，曲老師小時候也是這樣的。

我一直認為需要動的孩子就要讓他動，而不是勉強他靜下來。也因為如此，我的訓練方案也和一般輔導活動不同，我融入大量的體能活動，和謝智謀同樣善用體驗教育的模式，在自然情境中協助孩子培養他們所需的核心能力。舉例來說，我運用籃球隊動，訓練這樣特質孩子的情緒調節和社會性互動能力。因為他們需要比其他人擁有更多從這些真實經驗學習的機會，藉由一次又一次的衝突與失敗，提升他們的自我控制能力。

陪伴這種特質的孩子需要創造一個允許犯錯的環境，讓孩子在錯誤經驗中對自我特質有更多的認識，找到改善自己問題的策略。

這十幾年來，許多孩子加入我們的團體後，因為這樣的實戰經驗，明顯提升了自己的控制能力，不再是環境中的困擾，不再是老師眼中的麻煩製造者。

十年前我陪伴的那個孩子，他老是在學校和同學起衝突，也常常跟老師鬧矛盾，陪伴他一年多的時間內，我協助他一起面對許多犯錯的結果。印象最深刻的，是我們最常討論的主題是如何面對自己的錯誤，如何善後彌補，如何讓對方願意原諒自己。

後來這個孩子去美國讀書，媽媽仍然與我保持聯繫，分享他在美國的表現。媽媽告訴我，她對於孩子能這麼成熟的面對衝突非常感動，覺得這些改變都源自於出國前的那一年，我們一起經歷的那些事。

曲老師的小叮嚀

一、尊重孩子的特質，給予他足夠的生長空間：很多人認為注意力缺陷過動特質的孩子需要學習靜下來，但我認為在練習靜下來之前，孩子需要有足夠的時間和空間，在不影響他人的情況下，自由的表現自己。當孩子發洩過多餘的精力之後，就比較能有品質的靜下心來完成任務。

二、讓孩子在犯錯中學習自我控制：當孩子還沒有足夠的自控能力時，很有可能會在日常生活中不斷出錯，大人應該珍惜這些錯誤經驗，讓孩子認識自己的特質，避免在孩子犯錯後，過度責備和處罰。處罰和責備只是眾多後果的其中一種，我們期待的是，看見孩子在犯錯後知道如何避免重蹈覆轍，能更有技巧地解決問題，而不只是消極地逃避處罰、避免犯錯。

三、成功的路徑應該更多元：不是只有考試考得好，人生才有價值，不是所有孩子都擅長讀書考試，當孩子缺乏多元的探索與行動的機會，只用考試成績來定義自己的價值，這樣的人生也太可惜了！我們的環境不能只有一種成功路徑，這樣只會耽誤孩子寶貴的青春與人生。

第六章

體制內的失敗者，體制外走出一片天

——臺灣極限登山家　呂忠翰

◆**重要經歷**：臺灣極限登山家，多次締造臺灣首次無氧登頂紀錄。

呂忠翰（以下稱阿果）小時候跟哥哥和妹妹住在彰化鹿港阿公阿嬤家，屬於隔代教養。他覺得阿公阿嬤的教養方式就是放牛吃草，平時他大多跟著他們種田。他在學校課業都是倒數前三名，每天被老師打，被老師罰站，有時候罰完站還要到走廊罰寫，被處罰完回到座位後，大半時間都在睡覺。他的童年記憶大多是在玩，而在學校的記憶都只有被老師處罰。而這樣的童年回憶是許多過動兒共有的。

直到阿果十一歲，他們三兄妹才一起回到臺北，十一歲以前，他都住在鹿港。小時候他並不是很在意課業，完全沒有花時間在課業上，讀書對他來說不是很重要，那時候只想著長大就跟阿公阿嬤一樣務農就好。

他的父母滿注重孩子的課業，但是他們長期在北部工作打拚，相隔太遠，每隔兩、三週才會回鹿港去看望阿公阿嬤和阿果兄妹，因此難以照顧到小孩的功課，也管不到他的行為。

呂忠翰

◆**座右銘：**生命何其幸運，欣賞著不完整。

鄉下的學習，都市的教育

他跟阿公阿嬤的感情比跟爸媽還好，但因為爸爸媽媽覺得阿公阿嬤沒辦法好好教他們讀書，爸媽認為他的成績那麼差，大概沒救了，應該不太適合公立學校的教育模式，加上舅舅當時已經在從事體制外教育工作，因此，他們決定帶阿果回到台北尋求有別於傳統的學習環境。

當時臺灣教改才剛剛開始，爸媽以為教改可以讓一個孩子成績變好，有一個好的環境讓孩子好好讀書，彷彿體制外教育就可以讓他開始好好讀書，所以就把他丟到體制外的學習環境。因為舅舅而認識當時協助推動教改的黃武雄老師[1]，他也就成為親身經歷教改的第一代。當年跟著舅舅住一起，從彰化來臺北後就到種籽學苑學習，舅舅覺得孩子要有自己的成長空間，阿果成為實驗教育的白老鼠。種籽學苑是唐鳳的媽媽李雅卿所創辦的學校，他也成為唐鳳弟弟唐宗浩的同學。

他認為自己在彰化的學習幾乎等於零。到臺北之後，一直到了種籽學苑才開始學習。他覺得種籽更好玩，更沒有人管，一開始也不會覺得學習很重要。改變他的是種籽的老師，他覺得**這裡的老師把每個孩子視為獨立的個體，尊重孩子的獨特性**，他在學校的時間大部分都跟原住民老師混在一起，因為原住民老師會帶他到山上打獵，整座山就是他學習的教室，他非常享受在山裡奔馳的樂趣。除了獵人老師外，他覺得種籽學苑的老師都很認真的陪伴自己，彼此建立很好的信任關係，所以只要老師開始教，他就跟著加減聽，種籽學苑是開啟他學習興趣的環境，不過當時的學習應該還算是很少的。

讓他真正開始學習的學校

小時候的他會到圖書館去看書，讀愛迪生、萊特兄弟的漫畫傳記。到了種籽學苑之後，他開始跟著老師的課程去學習，會讀一點漫畫一點文字，也喜歡看偵探小

1 黃武雄後來成為全人中學的校長，也就是文章之後會提到的大雄校長。

說，覺得自己讀書也滿有趣的，這裡的老師不像過去小學中遇到的老師，他們會有耐心地從他聽不懂的地方開始教，於是他真正開始了學習。

過去在體制內，就得要跟著大家的進度上課，跟不上就不用學習了，在種籽學苑不會遇到這樣的情況，老師會回到他當下的程度，教會他。也因此，他的學習才有了累積。這裡讓他知道老師的不同樣貌，在這個過程中也讓他更認識自己，知道可以如何學習。

他認為第一代教改出來的學生，其實沒有多特別，成就應該也不算特別突出，但能確定的是，他們都能持續在自己有興趣的領域努力。就像當年學校裡有一位很能耐下性子學習解剖的女同學，當時上課只有這個女同學認真學習解剖，而其他同學不是覺得解剖很可怕，就是覺得很無聊，課還沒上完就跑掉了，而這位女同學現在就在動物園裡協助動物養護。

在種籽學苑學習一年後，媽媽帶阿果去師大做智力測驗，覺得他已經來臺北學習一年了，應該會有不錯的成效。沒想到測驗成績非常糟糕，媽媽覺得他在學習上應該是沒救了，索性就讓他繼續待在體制外，死馬當活馬醫。

當時他的學習充滿不確定性，他覺得老師們似乎也都充滿不確定。他在種籽學苑待了三年，直到國二，媽媽讓他轉往全人中學學習。那時候媽媽認為他在種籽就學期間都在玩，完全沒有達到她當初送他去之前的期待：去種籽學苑念書之後可以回歸體制內學習，但結果完全不是她想的那樣。

哥哥與他的體制內外學習對照

阿果認為他哥哥的際遇其實更慘。因為哥哥的成績比阿果好，一開始先在體制內學校就讀，後來才轉去種籽讀了一段時間，後來又因為表現不如預期而轉回到體制內就讀。當阿果決定轉學去全人中學後，哥哥也去全人中學待了一段時間，因為爸媽對於哥哥學習表現與未來升學的期待，他再次轉回公立學校。媽媽覺得以阿果的學習狀況是無法進入體制內學習的，但是哥哥可以，因為哥哥的成績一直都保持得還不錯，但也因為這個原因，哥哥就這樣在體制內外不停地轉換學習環境。

他覺得這樣的反覆對哥哥來說是辛苦的，也讓哥哥在國高中階段需要不停適應轉換後的變化，這成為了哥哥成長過程中的陰影，也因此讓哥哥跟爸媽的關係非常不好，平時衝突不斷，等哥哥大學畢，他就離家去外地工作了。阿果認為自己因為成長過程中一直在體制外學習，不用面對填鴨考試的學習壓力，比較能理解爸媽對於教育的想法和養育自己的用心良苦。

他有六年的時間待在全人中學，多留一年是為了準備考大學，他在這裡跟著大雄校長學習，可以說他的學習啟蒙者就是大雄校長和李崇建老師。他在種籽已經受到啟發，但在全人中學時算真正認真學習，他自認在全人中學時期已經比較知道該怎麼學習了。

當時阿果雖然廣泛涉獵不同領域，但也不覺得自己未來會走向登山。他只記得那時想要當籃球國手、棒球國手，覺得自己可以成為運動員。因為在全人中學就讀時期，在球類運動方面累積了較多的經驗，後來因為體力比較好，到高中階段開始嘗試登山活動，也在學校中申請成立了登山社。

意外落榜，當起了木工

他當年對自己的設定是去讀大學，然後打系上的籃球隊，未來畢業後打職籃。不過應屆大學考試考得很爛，所以就多留一年，沒想到多留的那一年也沒有好好準備，因為談戀愛而沒有考好，後來就選擇直接去當兵了。

阿果退伍後在臺北的重考班補習了一年，因為當時還是想念大學，結果待在五、六百人的重考班，成績還是很糟，他覺得填鴨式的學習沒那麼適合自己。

放榜知道成績後要選填志願，當時的他對於填志願完全沒有頭緒，希望請同學教他填志願，但當時教他填志願的人卻忙著打電動，根本沒有把阿果的求助當成一回事。最後他從臺大、清大、交大開始填，因為他認為自己的幸運數字是十三，最後只填了十三個志願就繳交志願卡，沒想到就落榜了！

回想起放榜的那一天，他還是非常激動。放榜那天是八月八日父親節，哥哥正在看前一天不知道為什麼心血來潮去夜市買的《悲慘世界》歌劇，而他在看球賽。結果朋友打電話來說要幫忙查榜單，他把資料給朋友後卻查不到他的名字。當時阿果非常慌張，不知道該怎麼辦，直到爸爸晚上回家問他結果，他還是一直不敢告訴他們自己落榜的事實。

那年「呂忠翰」這個名字還是個菜市場名，很多同名同姓的人上榜，唯獨自己落榜，而且那年的錄取率是百分之九十二，也就是自己屬於落榜的八趴。那時候他都不敢跟家人講自己只填了十三所學校。他覺得自己大概就是沒讀書命，雖然爸媽有問他是不是要補一年再重考，但他拒絕了，選擇先去做工。阿果的爸爸是做裝潢的，於是他就跟著爸爸一起去工作。他在臺北做了八年木工。

其實他從小就滿獨立的，在全人中學讀書的時候，就在學校協助校務打工賺生活費，沒有跟家裡拿錢。那時候爸爸介紹他去給人當學徒，現實社會肯定要先經過一番考驗，因為師傅要先評估這個小孩值不值得教。很多年輕人可能會覺得這個階段很難熬，但阿果因為從小就種田，這些考驗對他來說沒什麼難度。成長過程中，他覺得只要能動手做的都很好玩。

移民夢破，木工歐陸遊

阿果從二十歲一直做到二十七歲。當學徒三年多後，他就考上了木工執照，一般來說，有了木工執照後，大概三年就可以升師傅，下班後他也會自學進修木工。那時候他其實偷偷在準備技術移民去加拿大，甚至所有證件都弄好了，卻發現加拿大政府需要申請移民者有繳稅紀錄，但當工人的他沒有繳稅紀錄，所以就無法移民，出國闖蕩的夢也就暫時中止了。

後來一個全人中學的同學要去法國讀書，他家在法國買了一間公寓，同學找他去法國幫忙修繕。他看過同學傳給他的設計圖後，評估這樣的工程大約兩、三天就能做完，於是他從臺灣飛去法國做木工，順道去歐洲玩。因為朋友原本只想修繕單間，但沒想到最後阿果把整間公寓都敲掉重新裝潢。他就在法國當臺勞，住在那間公寓三個月，休息日就在巴黎散步。

邀請他去法國的這個同學也是教改第一批的學生，去了法國之後就自己關在家裡讀法文，後來因為想要進大學，寫了一封信給里昂大學辦公室，沒想到真的被錄取了。最酷的是他選擇讀法國文學，後來還教法國人法文。阿果說：「我們當時有一群滿特別的同學，都是小時候不愛讀書，但後來慢慢找到自己興趣和動機後，靠著自學，學得非常好。」

回母校傳承教育想法

二〇一一年全人中學邀請他回學校協助老師，幫忙帶學生傳承戶外教育。做木工的那七、八年，登山對他來說只是休閒活動，直到回學校才投入更多時間鑽研這個領域。

參加歐都納的八千米計畫，其實也滿意外的。讀書時，他就知道這些山，但對他來說，都只是遙遠的夢想。聖母峰其實不是他的嚮往，第二高峰K2才是，至今仍是他挑戰的目標。當時全人中學登山社的學弟被選上參與這個計畫，他想學弟那麼菜都可以入選，他一定也可以，最終他以體能條件入選。

他的成長過程一直保持運動，在鄉下長大的他接觸活動多元，小肌肉發展比較好，小時候學什麼運動都很容易上手。全人開設了跆拳道課，當時的教練也勸他去練跆拳道，進入培訓隊。

回到全人教書時，他陪著孩子一起學劍道，學校的劍道老師也勸他可以練劍道。他打三年升三段，別人要花十幾年，他只花三年就做到了，可惜的是後來劍道老師去世了，他就沒有再繼續練。阿果的先天體能條件和動態視力是他的優勢，他的運動能力比同學好很多，很快就可以掌握動作技巧。他覺得這不只是先天的，也包含後天環境的影響。因為他在鄉下長大、後來在種籽學苑跟著原住民老師在山裡奔跑，**除了天賦，後天環境和經驗也是關鍵。**

登山與教育理想

現在阿果一年出去一次，每次大約一兩個月，花費大約七十萬元，未來希望能一年兩次。臺灣目前和他在同一個領域的人很少，因為一般人對為什麼要登八千公尺高峰這件事很陌生，很多人不明白為什麼要做這件事？對他來說，單純填滿這個數字意義不大，無氧登山的意義不只是要登頂拿到一百分，他認為只要花錢就可以做得到的事，其實就沒那麼有價值，真正的冒險不是只完成挑戰，不是只要填上數字。他和同伴們正在努力建立制度和方向。

他目前主要的工作是全人中學的老師，也希望自己的主業是教育，因為他認為唯有透過教育才能改變臺灣的整體環境，但他也知道臺灣戶外教育的局限，正努力設計一套好的課程，希望幫助臺灣建立探險文化。他覺得上一代的探險想像比較像是在設計內的探險，少了一些真正往外冒險的行動，這有點像是體制內和體制外的差異。

阿果慶幸自己成長過程中選擇了體制外的教育，他覺得每個孩子都有他的價值，關鍵在於我們願意花多少時間，多少心力在他們身上。以前他會想要多給孩子一些東西，近幾年就不再這樣做了，覺得**應該要給孩子更多探索和嘗試的空間**，他只想要給孩子一個方向，看看他們自己可以長成什麼樣子。現在的他會給孩子空間，以前的他會給孩子一個目標，期待孩子長成他心裡的樣子。現在的小孩需要花時間給他們更多陪伴和引導，不然他們很容易在過程中卡住，不知道該如何行動。他認為過度使用手機、平板、網路，導致孩子們更習慣被餵養，少了很多原始的天性。

這一路走來，他怎麼可以這麼相信自己呢？在他的書《我在這裡，山在那邊》中曾經談到一段登山經驗，當有人跟你說你走錯了，為什麼還能堅定走在自己認為對的方向？他認為這就像體制外教育一樣，他說：「你根本不知道這樣做接下來會怎麼樣。但我就相信自己看見的，跟爬山一樣，我知道自己不會死掉，如果你相信我，那你就跟上我。」

曲老師的看見

如果用傳統的價值觀審視阿果求學時期的生命經驗，我們可以直接說他就是一個失敗者，連大學都考不上。從他的敘述中知道，傳統的制式教育對他沒有幫助，**讓他願意學習的因素，是和大人的良好互信關係，而這種關係之所以能建立，需要的是大人先拋開既有的價值觀，不要用它來檢視孩子**，因為這樣的檢視是暴力的，就像把一條魚從魚缸抓出來丟在地上，要牠跑步一樣。

阿果讓我們看見，即便非主流仍能展現自我的價值。如果我們真的重視多元價值觀，那麼不同特質的孩子天賦都有機會受到啟發，這樣的教育才能回歸每個孩子的個別需求，而不是所有人都衝往同樣的終點。每個人都有屬於自己的賽道，這樣的競賽不是和同伴競賽，而是找到自己的熱情所在。

*會不會不是每一個孩子都需要上學？*我和阿果對話時，腦中時不時地浮現這個疑問。他的學習模式充分展現他獨有的學習方式和自學力，藉由實際場域的體驗跟著大人生活，接近所謂師徒制的方式，他在種籽學苑的老師，他在全人中學的老師、甚至畢業後學習木工的環境都是這樣的。而權威、壓迫、填鴨在阿果身上起不了什麼作用，也印證我多年來的相信：**唯有孩子自己願意，學習才會發生。**種籽學苑和全人中學讓他理解這個世界有不一樣的大人、不一樣的老師，在這樣的過程

中，也讓他更認識自己，更了解什麼是學習。

每一個孩子都是獨特的，孩子不是機器，我們不應該期待用一套方式教會所有的人。規格化（one size fits all）的教育抹滅了孩子與生俱來的特殊性，會讓他們先天的亮光逐漸黯淡。當我們在社會化的過程變得從眾，變得越來越不敢展現真正的自我，那麼我們的環境真的出現了很大的問題。這個世界之所以美好，就在於世間萬物的變化萬千，這樣的說法不是在鼓吹要離經叛道，不在乎群體規則和規範，單純地追求自我。這樣的觀點是一種提醒，提醒我們**在尋求認同時不要迷失自我，不要放棄自己與他人的不同，練習用更多元的角度看待這樣的差異，進而接受並欣賞自己和別人的不一樣。**

曲老師的陪伴

臺灣在二〇一四年通過實驗教育三法，我也在臺大電機系葉丙成老師邀請下，加入無界塾實驗教育機構擔任副塾長，主責學校的輔導工作。

無界塾是一個以孩子為中心的學習環境，致力於啟發潛能，實現以能力為本的差異化教學。我們希望協助孩子發掘興趣、建立自信、形塑價值，找到並實現自己的人生目標。希望每個孩子從無界塾離開時，具備獨立思考、自主學習、團隊合作與積極解決問題的能力，成為一個善良、利他且有影響力的人！我們希望孩子在成長過程中能更了解自己，對自我有更多元的認識，藉由多元探索培養自身的興趣，儘早思索自我生涯的方向。

無界塾第一屆的學生只要想讀大學的，多半都倚靠特殊選才路徑升學，這群孩子在我們創造的學習環境中歷經小學、國中與高中的學習，除了養成自主學習能力外，也清楚知道自己的喜好與優勢，知道自己要什麼、不要什麼。

舉例來說，有一個孩子國中時想要當法醫，但後來在學校老師的陪伴與引導下，發展出對生物領域的興趣。她在高中時期不僅自己在家裡頂樓蓋養雞場養雞，也能夠完整的將一隻雞的骨頭拼成標本模型，申請大學時同時被多所學校錄取，順利進入自己有興趣的大學學習。我剛遇到這個孩子的時候，她連繳交作業都有困難，需要我和家長每星期溝通確認她需要完成的功課。即便到現在，書寫障礙的問題仍伴隨著她，但這些先天特質並沒有成為她追求夢想的阻礙。她在畢業前告訴我，來到無界塾後，書寫障礙沒有成為她學習困擾的最主要原因是我們有許多作業可以用電腦打字完成，學校老師也給予她在語文學習上高度的彈性與支持。而這整個過程中，讓我感動的是除了孩子努力投入學習，家長為孩子選擇實驗教育的勇氣，以及他們陪伴孩子成長的過程中對學校的高度信任與合作。

曲老師的小叮嚀

一、多元學習環境與適性發展的重要：每個孩子都是獨一無二的，因為不同的特質有不一樣的學習風格，實驗教育三法通過後，臺灣出現越來越多不同教育理念的學習環境，因著孩子的獨特性，對於教育環境的選擇，父母可以有更多的可能性。

二、父母在替子女落實教育選擇權之前要先做功課：多了解不同的教育型態、不同教育團體的教育理念，一旦決定後，不要急著轉換，要給予孩子足夠的時間適應，因為頻繁的轉換學習環境對孩子來說不是好事，不僅增添孩子生活上的壓力，也比較難從這樣快速轉換的過程中讓孩子獲得較完整的學習體驗。

三、發掘孩子的優勢，啟發孩子的潛能：對於阿果而言，山就是他的教室，當他理解自己的優勢後，順著這個優勢發展，眼前的那條路就清楚了。**讓孩子做他擅長的事，給予他空間把這件事做好，我們不需要孩子把每件事都做好，只要他們能把自己的熱情和天賦發揮到極致就好。**

第四部

認識與發展自我的練習方法

認識自我的能力是可以培養的，在成長過程中鮮少有人會直接聚焦這個主題有意識的學習，大多數人在不知不覺中成熟，隨性的長大，甚至有人直到年紀很大了才發現根本不了解自己。希望藉由這個單元所提供的方法工具與實務經驗能更有效的協助讀者認識自己。

第一章

透過生命歷程圖和生涯諮商認識個人特質

在實務上，認識自我特質有一些成熟的工具或方法可以使用，本章說明其中兩種工具如何應用。

以生命歷程圖來認識自己

生命歷程圖能幫助我們從過往的生命經驗中發掘認識自我的「線索」，因為過去的各種經驗是我之所以成為現在的我的重要原因。生命歷程圖是藉由回溯生命當中的重要時刻，正面或負面重大事件對自己產生的影響，了解自己最關心的、最有動力的，確立自己人生的價值觀。

以下舉例來說明如何繪製生命歷程圖。

第一步：將你從有記憶以來生命中的重大事件（無論好壞）標記在時間軸上，並且試著給予這個事件評價。依照事件發生的順序，從左到右標記；讓你高興、開心、得意的事情，標在上半部；沮喪、失意的事情，標在下半部，然後把每個點連起來，大約標記十至二十個點。

例如，生命中有如下重要事件：

- 小學時期因為注意力缺陷過動特質常常闖禍、被老師討厭、讓家長覺得困擾。
- 國中時期找不到適合自己的讀書方法，成績一直不見起色。
- 大一清楚知道自己對於心理學的興趣，決定輔修教育與心理諮商學系。
- 大四開始從事特殊教育需求學生的家教輔導工作，看見體制外的特教需求。

- 從臺師大研究所畢業後，創立陶璽工作室，開始推動體制外的特殊教育服務工作。
- 二〇一七年獲得 GHF 教育創新學人獎肯定；錄取臺師大特教系博士班。

第二步：盡可能的描述事件的細節，包含前因後果，自己當下的想法、行動與感受。像是，是什麼關鍵因素，讓你對這件事情感到很滿意或失望？請簡述當時的情境，並且試著使用兩個以上的動詞來描述事件。

如，大學時期我就讀特教系之外，因為喜歡心理學，所以決定要輔修教育

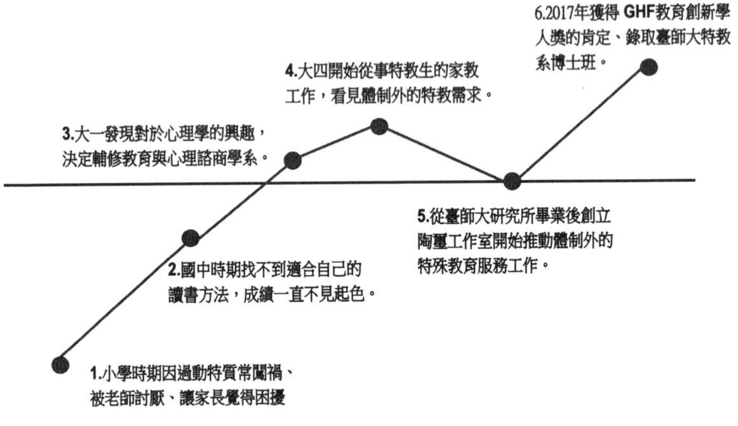
6.2017年獲得 GHF教育創新學人獎的肯定、錄取臺師大特教系博士班。
4.大四開始從事特教生的家教工作，看見體制外的特教需求。
3.大一發現對於心理學的興趣，決定輔修教育與心理諮商學系。
5.從臺師大研究所畢業後創立陶璽工作室開始推動體制外的特殊教育服務工作。
2.國中時期找不到適合自己的讀書方法，成績一直不見起色。
1.小學時期因過動特質常闖禍、被老師討厭、讓家長覺得困擾

曲老師的生命歷程圖

心理與諮商學系，藉由修習大學中與心理學的相關課程，充實自己在心理輔導方面的專業能力。

第三步：從這些事件的描述中找到自己的關鍵字，像是人格特質、生活動力……等，進一步認識自己。

例如，喜愛學習是我重要的特質。

「我」是一個持續變動的概念。下一秒的自己和上一秒的自己不同，那認識自我的我是什麼我呢？在這本書的撰寫過程中，透過許多受訪者生命故事的敘說都可以清楚的從這三個步驟更清楚地展現「我」這個題目的答案。透過整理自己的生命歷程可以幫助成長中的青少年認識自己的核心特質與生活動力，幫助自己理解這些特質可能讓自己遭遇什麼樣的痲煩，需要什麼樣的策略幫助自己。

把人放在對的地方，特質就可以發光！

特質是與生俱來的禮物，會跟著你一輩子，越早掌握這些特質在自己生命中的角色和影響，就越有機會善用這些特質的優勢，降低這些特質帶來的負面影響。

那麼可以怎樣了解自己的特質並加以善用呢？我們可以協助孩子應用愛德蒙．格里菲斯．威廉森（Edmund Griffith Willimson）提出的生涯諮商六步驟——分析、整合、診斷、預測、諮商、以及追蹤，來自我檢視：

一、分析：就是由各方面蒐集與自我有關的資料，像是學習歷程、心理測驗結果、自我覺察與反思的整理、與他人的談話、別人對自我的評價……等。

二、整合：要對所蒐集的資料加以整理和組織，試著統整與摘要出自己的優勢與弱勢。

三、診斷：必須由所得資料進行適當的推論，用以理解自己的狀態以及自己所面臨的問題。診斷的重點在於找出問題以及釐清這些問題形成的原因。

四、預測：嘗試對自我日後的發展情形做預判。此一預測是根據前一個階段中收集的資料以及診斷結果的推估。如果表現不如預期，或是在過程中碰壁，可以嘗試尋求專業人員協助，所謂專業人員並不限於心理工作專業。

五、諮商：藉由專業人員幫助以自我探索，提供更多元的資訊，利用心理測驗工具，學習選擇與決定的技巧、以及讓我們有機會投入自己有興趣或有能力的領域，藉由這些實際經驗更進一步認識自我。

六、追蹤：定期檢視與盤點自己的適應情形，必要時也可以回到前面五個步驟中。

錯的不一定是個體，也可能是環境

除了自我調適外，環境對我們的形塑也有一定的影響。當我們還小的時候，大人為我們創造環境。不過，隨著年紀增長，我們可以一點一點的掌握主控權，當我們逐漸增加對於環境的控制能力，知道什麼是我想要的？知道什麼是我喜歡的？有人說，好的環境對我們的成長有決定性的影響，但我覺得環境並不是成就自我的必要條件，從這本書當中許多的生命故事可知，經歷逆境和困境反而可以厚實自己的生命。

在生涯輔導領域中有幾個理論可以幫助我們思考這個議題。早期的特質論認為每個人都具有穩定的特質，每一種工作也都有一組特定的條件，只要將個人特質與工作條件相配就會是最佳的生涯選擇。換句話說，如果個人特質與工作條件越接近時，發展成功的可能性就越大。這個理論也假定職涯選擇是一種單純的認知歷程，透過邏輯思考和推理就能有最好的選擇，缺乏考慮人在決策時的心理與情緒反應。

特質論的假設過度簡化人性和考慮環境的複雜性與變動性，雖然操作簡單，卻也引來不少批評，因為這和現實情況的確存在著不小的差距。也因此，人境適配（person-environment fit）的觀念逐漸被大家重視。人境適配認為，個人擁有積極找尋、甚至創造有利於其特質發展的環境，而非單純被動地遷就外在環境的要求。在人境適配的過程中，人會影響環境，整個環境也會影響個人，人境之間形成一種互動的關係，這樣的觀點和生態系統觀點相符。

特質是可以改變的

特質論僅著眼於特質與環境的適配性，並未探討特質是如何發展而來的，可以如何協助個體培養與發展這些特質。換句話說，特質論比較傾向解釋這個特質是每個人與生俱來或自然生成的，不需要也無法刻意培養，但實際上並非如此。

從本書許多受訪者的生命故事可以知道，有些特質是與生俱來的，但也有許多是可以後天環境形塑的。每個人天生的特質就像手機的出廠設定一樣，我們可以藉著後天的努力與訓練改變，軟體可以持續更新升級。

這也可以從正向心理學理論中的成長型思維來理解，大腦是可以經驗訓練重塑的，神經會產生新的連結，今天的我不會是昨天的我，明天的我也有可能超越今天的我，即便先天不具備那些「好」的特質，也可以靠後天努力養成。即便先天的特質有「不好」的影響，我們也可以藉由其他好的特質中和它對於我們生活的影響。

舉例來說，衝動、過動，可以是好的特質，因為這些特質可以和熱情、積極、拚勁等詞彙相連，對於個體而言帶來的可能是改變和活力；衝動、過動，也可以是不好的特質，它可能是反抗、不服從、魯莽、混亂。但只要有意識地提升自己的執行功能，有好的自我控制能力，就不至於為生活帶來困擾。

至於一個特質是「好」還是「不好」，很多時候也需要考量環境的狀態。**特質本身是中性的，如果調節得宜，就會是我們的超能力**，在對的環境，這些特質就有機會發揮它自然帶來的優勢。

人是變動的，環境也是變動的，人境適配論幫助我們思考用動態的眼光看待自己，幫助我們思考該如何在不同時空下自處。生涯選擇不是單純的特質與環境的配對，不要忘記，我們無須宿命論，落入固定型思維的泥淖，我們有機會改變，我們有機會養成新的特質，開展我們的天賦。

第二章 從別人的生命經驗中學習：從覺察到覺醒

我們能從他人的生命經驗中看見什麼？有人會覺得「我又不是他，其他人的經驗與我何干！」但在整理這十位受訪者的生命經驗時，我越來越清楚的知道，在陪伴青少年成長時，什麼事情是重要的。

從這十位受訪者的生命經驗中，可以清楚看見**認識自我的重要性**，他們每個人都是獨一無二的個體，生存在不一樣的生活環境，但他們卻有著共通性，就是**能善用與生俱來的天賦，順應自己的特質，將這些特質的正面影響發揮到極致**，發展適合的策略將負面的影響降到最低，在自己的生長環境中活出獨有的樣貌。我們也清楚地看見環境對個體的影響，無論是原生家庭或是重要他人都是生命開展時的重要力量。

綜觀他們的生命經驗，我們會發現，認識自我特質是成長過程中重要的一步，自我認識的歷程有時候會與環境碰撞，會和生活中的其他人產生摩擦。環境中的他者如何看待這些特質也會是重要的，有些特質被視為麻煩，不被接納，有些特質被視為問題，需要被處理、被解決。面對外界的質疑與批判，也會影響我們對於這些特質的看法與評價。這也是為什麼我們常說：父母親和老師要能珍視孩子的特質，而非一味的打擊和否定。

如果孩子環境中的重要他人能創造一個重視多元價值的環境，孩子的天賦才有辦法開展，生活就不會流於不斷追求單一的價值，囿於滿足主流社會的期待。在腦神經科學的研究中發現，受傷的大腦是無法復原的，但透過訓練和復健可以讓別的區域來替代受傷的部位運作，使得行為功能不受到影響。不要只看見自己沒有的，多看見自己有的，把這些有的發揮到極致！這也是輔導工作中常談到的「優勢替代」。

本我、超我與自我

佛洛依德提出的心理動力論將「我」分成三個層次，其中最底層的部分稱之為本我Id，指的是原始的欲望、原始的自我。在嬰兒時期會認為自己發出的所有訊息和要求要被滿足，如果沒有被滿足就崩潰大哭。而我們與生俱來的特質也就是所謂的本我，自閉症特質的固著性、自我刺激，注意力缺陷過動特質的天馬行空、過動和衝動，這些特質也會和原始的欲望聯動。

而超我叫做Super Ego，指的是社會規範，像是道德、律法和社會上人與人互動的潛規則等，這些都統稱為超我。建構超我的人通常是父母長輩，以及整個社會的價值觀與期待，超我會讓我們知道在社會上走跳需要遵守什麼樣的規則。環境的規則成為約束這些特質的結界，只要有人試圖衝破就會招來異樣的眼光和責難。

至於自我是Ego，自我的作用在於使得本我的欲望和社會的規則兩者牴觸時取得平衡，像是我如果很想要一個東西，不能去偷不能去搶，但我仍然很想要，就需要透過合適的方法取得。自我是非常重要的，有健康的自我能調節本我無法被滿足時的情緒。但是如果超我過於強大，長期壓抑本我，這樣的壓抑會讓內在扭曲，這也是許多精神疾病的成因，有時候會看見超我與自我的爭執，外顯的表現就像是一個人自言自語。

自我能幫助我們確認邊界，辨識自己的處境，知道什麼是屬於我的？什麼是屬於別人的？什麼樣的責任我需要承擔？我們需要培養健康的自我，而非一昧的壓抑欲望，因為過度的壓迫會人的精神產生問題。有些本我是無法被超我「導正」的，因為那些本我就是個體的一部分，或許該調整的是超我的邊界，有些人本身就不在這個邊界之內，不應該用這些道德框架去評判他，或者要求他改變。

獨一無二的特質可能就是孩子成功的關鍵

好朋友逸文的太太凱特曾經分享他們養育三個孩子的心得：

孩子最難搞的特質，很可能會是令他成功的關鍵。每一個孩子都是獨一無二的。身為三個孩子的媽，對這句話特別有感觸。陪伴老大老二的方式，在老三身上卻沒有效果，因為他是一個全然不同的人。當然，我可以強迫他照著我的版本去走。當他不達到我的標準時，我可以幫他貼標籤，比如「你這樣羞羞臉」、「這個孩子很不乖」等等，甚至硬要他成為我認為對的人。這的確是一種教養方式，卻不是我選擇用的方式。老三樂樂的語言發展比哥哥、姐姐慢很多。看著他兩歲半還無法用言語完整表達自己的意思，我痛苦，他也很痛苦。

然而，他有很多哥哥姐姐沒有的能力。例如，他看見東西就懂得如何使用，拿剪刀可以直接用來剪東西。他很聰明，觀察力很強，他可以傾聽，可以很深的連結。他也是一個沒有危險概念、愛冒險的小傢伙。帶他，說真的，很累。看到危險的東西，不熟悉的東西，一般來說，孩子應該遠離，不是嗎？畢竟，那不是他們熟悉認識的。但樂樂卻不是這樣。他看到危險，就衝過去。總是想要摸得到、抓得到那個危險的感覺。

有一次去探訪朋友。朋友家有一隻超級大隻的狗狗。那隻狗是真的很大，牙齒很尖，看起來很兇猛。哥哥和姊姊跟狗狗打招呼之後，就遠離牠。但樂樂不一樣。

他好像一看到狗狗，就決定今天的目標是要被狗狗咬到。一整個下午都想盡辦法要把他的手放進狗狗的嘴巴裡，好像他渴望摸得到牠的牙齒似的。

又有一次，我們在露營時看到一隻貓咪，樂樂很開心一直喊，然後伸出手來要抓到貓咪。貓咪去咬他，他覺得好笑，但最後哥哥為了保護樂樂不要受傷，自己卻被貓咪咬傷了。樂樂就是這麼獨一無二的孩子。

我看著他這些難搞的特質，想到母親前一陣子寫給我的信。在信裡頭，母親跟我分享她過去養育我時也覺得很難熬。因為我從小個性非常獨立、有很多自己的想法、也勇於堅持自己的目標。母親說這二十年來，看著我長大後卻發現，這些過去被認為難搞的特質，卻是長大之後幫助我活出神給我的呼召和異象的關鍵。她很感謝神當時沒有選擇壓抑我，強迫我跟其他孩子一樣，也沒有讓我感覺到自己這樣的特質是「有問題」，是「不正常」，或是「不可以的」。

我看完媽媽的信，真心覺得自己很幸福，我從來沒有因為自己難搞的特質而被媽媽視為羞恥，也讓我能接納我與他人的不同，甚至可以接納自己強項背後的弱點和不足。不以自己是誰為羞恥，這是我媽媽送給我最寶貴的禮物。所以我想要鼓勵你，孩子最難搞的那些特質很可能是神給他活出呼召的關鍵！即使再辛苦，不要為了方便而把那些與眾不同的特質壓下去。我們要慢慢引導孩子管理好自己強項背後的弱點。

馬太效應的應用

《聖經・馬太福音》中有一句名言：「凡有的，還要加給他，叫他有餘；凡沒有的，連他所有的，也要奪去。」一九六八年，美國學者羅伯特・莫頓（Robert K. Merton）提出馬太效應（Matthew Effect）用以概括一種社會心理現象，也就是所謂好的越好，壞的越壞，多的越多，少的越少的現象。社會心理學家認為，馬太效應是一種生活中普遍存在的兩極分化現象。舉例來說，在班上成績越好的學生，越會得到老師的關注，老師投入的關注越多就會使他在課業成績上更好。在工作上越成功的人越會得到更多的機會，使他變得更成功。也就是所謂的貧者越貧，富者越富，贏家通吃的現象。

孩子喜歡動就讓他動，順勢而為，孩子靜不下來，就不要勉強他靜靜坐著，應該給他更大的空間去奔跑。孩子不擅長考試，就不要壓迫他過度學習考試技巧，拘泥於傳統的遊戲規則和賽場，世界很大，就讓他去探索，找到屬於自己的天地，我想這是對於馬太效應的另一層詮釋。這樣說不代表只要孩子考試成績不佳就要他放棄，考試是評量學習成效的方式，但它就只是其中一種方式，學習過程中適度的檢核評量有其必要性，但過度追求成績表現就會讓整件事變質，也容易模糊焦點，讓孩子忘卻學習的本質。同時，也容易在這樣的追求中迷失自我，成長過程中如果自我認同和他人的認同能成為一個正向循環，那個體就有機會從覺察邁向覺醒，把自己的特質發揮到極致，成為自身特質的最佳代言人。

第三章

認識自我的練習

「自我」是一個變動的概念，認識現階段此時此刻的自己有助於我們穩定的邁出下一步。

就像有些人認為高敏感的特質是一種天賦，但也有不少人被這樣的特質困擾著。對青少年來說，自我認識的歷程中，很多時候伴隨著壓力甚至焦慮，這種情況可以藉由自我對話、意象訓練以及正念來幫自己度過。

自我對話

自我對話在輔導領域中是常用的策略，無論是自我指導、自我強化（增強）都和自我對話的策略有關。這個策略可用於訓練技巧和幫助情緒及壓力調節。

也可以把自我對話當成一種自言自語，這種對話可以放在心裡也可以說出來。透過自我對話在進行自我指導時，可以拆解我們正在練習的動作，並且搭配上口訣，幫助記憶和熟練。陶璽的生活管理課和表演課就非常需要孩子養成自我指導的能力。

至於面對外界環境的刺激，曲老師善於應用自然情境的教學，在一般的環境進行社會技巧和情緒調節的訓練。自我對話的策略就在每一次陪伴孩子面對情緒、面對衝突時發生。藉由自我對話，調整孩子對於自我的認知，改變孩子對於當下情境的感知，就有機會讓孩子能重新詮釋當下的感受，進而調節自己的情緒狀態。

正念

所謂的正念就是專注於當下不批判，練習關注自己的呼吸，練習把注意力放在自己當下的每一個動作，不去評論自己，不要有多餘的念頭。

一行禪師在《怎麼走》中提到，可以用禪法的角度重新定義什麼是走路，用清楚的覺察接觸地球的時候，我們便停止夢遊，完整地來到當下。他讓我們了解，透過行走這項每日都會做的事，就能重新發現神奇有意思的事物、表達感謝，還可以減少痛苦。他提到正念走路的修持方式、走路時的禪觀，說明每一步都能提高專注、洞察力，以及活著的喜悅。

也許你過去沒有閱讀過一行禪師的著作，但講到這裡，應該也知道為什麼曲老師喜歡帶孩子們走路了！這也是陶璽登山活動訓練和營隊活動中有長途跋涉的原因：行走，讓孩子們有機會練習與自己的內在更靠近，培養他們的覺察力。

意象訓練

意象訓練是透過大腦來重複演練，藉由腦中的意象幫助自己做好準備，而這個策略的基礎是覺察能力的培養。研究指出，進行意象訓練時，腦海中的畫面、各種感官的刺激越清晰越好。

我有情緒的時候，當下我身處在怎麼樣的環境？我看見什麼？我聽見什麼？我聞到什麼？我的肌肉收縮緊繃，我額頭開始冒汗，我的聲音變得高亢，語調急促……。

腦海中的意象越清楚越好，在意象訓練的過程中，我們可以試著在腦海中改變我們的決定，調整自己在情境中的行為。

舉例來說，一個衝動的孩子在球場上與對手發生衝突，動手打了對方，我們可以引導孩子透過意象訓練進行情緒調節，培養新的社會技巧，進行行為重塑。

這是陶璽體適能課程每天都在做的事，靠著一次又一次的共同經驗，幫助孩子有能力在腦中（心中）建立意象，養成透過意象鍛鍊自我的能力。

透過既有的測驗工具認識自己

現在有許多測驗工具可以用來認識自己，例如，邁爾斯－布里格斯性格分類指標（Myers-Briggs Type Indicator），簡稱MBTI。這個測試將人以四個類別進行區分：內向（Introversion）或外向（Extroversion）、實感（Sensing）或直覺（Intuition）、思考（Thinking）或情感（Feeling）、判斷（Judging）或感知（Perceiving）。

外向型（E, Extroversion）會偏向從與外部事物的交流促進心靈能量的流動。**內向型**（I, Introversion）會偏向從自身思索、內省的過程促進心靈能量的流動。**實感型**（S, Sensing）喜歡著眼於當前事物，習慣先運用五感來感受世界。**直覺型**（N, Intuition）則著眼未來，著重可能性及預感，從潛意識及事物間的關聯來理解世界。**情感型**（F, Feeling）比起事情的邏輯更重視於人的感受。**思考型**（T, Thinking）比起人的感受更重視於事情的邏輯。**判斷型**（J, Judging）傾向以結構化的方式認識世界，井然有序及有組織的生活，而且喜歡安頓一切事物。**感知型**（P, Perceiving）則傾向於以非結構化的方式認識世界，始終開放選擇機會，自然發生及彈性的生活。

四種類別共計可以產生十六種組合，以各類別的首字母來組成測試結果，像是「INTJ」或「ENFP」。這樣的測驗工具可以成為自我認識時的參考。

另外，也可以藉由既有的分類標準來認識自己，舉例來說，特殊教育與醫療的診斷標準也能幫助孩子認識自己。二〇一三年出版的《精神疾病診斷手冊》中提到自閉症的診斷條件為：社交溝通及人際關係障礙、行為重複及興趣狹窄。而情緒行為障礙中的注意力缺陷過動症者則有注意力不足、衝動或過動的情況。

在我的輔導經驗中，有不少確診自閉症或注意力缺陷過動症的成人，當他們知道自己帶有這樣與生俱來的特質時，會感覺到鬆一口氣，成長過程中的不容易和挑戰似乎得到解答，因著這樣的診斷，讓他們有機會更進一步從醫療、心理治療、輔導專業幫助自己。

這些成年人的確診經驗讓我理解，我們應該用更寬廣的角度看待醫療診斷與教育鑑定，因為這些專業工作的出發點是希望幫助我們更好的認識自己，也讓政府單位知道在資源有限的情況下什麼樣的人可以得到專業資源。至於「標記」衍生出來的「標籤化」效應則有賴教育與人類的文明來解決。

不同教育哲學的不同分類方式

各種教育哲學也有其對人的分類方法，比如華德福教育將人分成四種不同氣質，分別是火相、風相、水相、土相。

火相氣質的孩子對於自然形成的權威會產生敬仰與尊崇。如果學校生活或課程單調無變化，缺少某些難度與挑戰性，火相氣質的孩子會在課程進行中挑戰老師的權威，引起同學注意，展現領導的欲望。**風相**氣質的學生是愛動、愛發問、愛說話、靜不下來的一群。他們對許多課程主題、活動、任務都有興趣，但通常都無法持續到最後。**水相**氣質的孩子是教室中最不會引起教師注意的一群，他們安靜少話，遵守秩序的行為，是老師擔心的乖學生。在發展過程中，水相氣質的孩子需要好朋友的陪伴支持，更甚於老師直接的接觸。由於比較被動、冷漠，水相氣質學生在交友上顯得被動，也讓他們容易成為團體中的獨行俠。**土相**氣質的孩子具有強烈感受生命痛苦與磨練的能力，容易受到故事或事件的情緒糾葛所吸引。

華德福教育中提到，**要讓相似的療癒相似的**。意思是將同氣質的學生安排坐在一起或分在同一組，一起工作。我的活動中也常應用這個分組策略：將同是火相氣質的孩子編為一組，讓他們從彼此競爭領導慾與主控權，為堅持己見而辯論，到慢慢發現如此互動下去是行不通的，進而磨去彼此尖銳的稜角。而一群冷淡不語的水相孩子分在同一組，沒有人願意先開始工作，所以讓彼此無聊透頂，無法完成老師的工作，最終不得不因為許多的不自在而開始動起來。

一般而言，教師通常傾向將各種性情的學生分在一組，以期使每組多樣或多元，各自發揮特質所長，同時達到彼此學習觀摩的目的。但是教育家史坦納（Rudolf Steiner）認為，在學生尚未均衡發展出各自氣質的特點之前，如此分組只會強化學生原有的性情而無法發展出更多的特質來。因此史坦納的教育前提，是讓每個氣質主導的孩子最終都能發展出更多的特質來，讓每個孩子最終都能讓內在較隱晦的氣質特色有所發展，達到四種氣質的均衡和平衡。

均衡其實不是要讓每個人變得一樣，而是在這樣的歷程中拉大每個人生命的彈性，不被固有的狀態所局限。教師要能克服自己不自在的那一部分，甚至打破自己上課時的慣性行為，在訓練孩子分組工作時耐心的等待，並且敏銳地觀察各類型學生互動以及其中的變化，學生本身也會因為從同組同學身上看見自己而覺醒。孩子會透過觀察其他組同學的互動發現自己所沒有卻值得具備的特質，那麼每一個個體的發展或改變就會是個體自覺自發而不是來自老師刻意外塑而成。

認識自我的十個練習：

1. 列舉自己有的特質，想一想這個特質為你帶來什麼樣的麻煩？造成什麼影響或是困擾？請把它記錄下來。

我的注意力不容易集中……常常一件事情沒做好就想做下一件事……想做的事情太多造成自己生活高速運轉、過度忙碌……

2. 問問身邊的親密夥伴對你的觀察，你有哪些特質？這些特質的正面影響為何？負面影響為何？

親密夥伴覺得我很嘮叨，正面影響是……負面影響是……

3. 列出三項自己最擅長做的事，想一想，這和自己的特質有什麼樣的關聯性？

1.因為我的注意力缺陷過動特質讓我可以同一時間進行好幾件事……

2.因為我的注意力缺陷過動特質讓我可以長時間和許多孩子一起生活而不感到疲憊……

3.因為我的注意力缺陷過動特質讓我可以從事需要高度耗能的活動……

4. 請選擇一項自己的特質，並為這項特質量身定作，設計最適合這樣特質的生活方式。

因為我的注意力缺陷過動特質，我不能坐在辦公室辦公，需要可以不斷轉換情境的工作模式，像是我的個案輔導工作或是體驗學習的教育模式。

5. 想一想，如果你可以決定，你覺得生活環境中做什麼樣的改變能讓你更如魚得水？

找到理解並能體諒注意力缺陷過動特質的工作夥伴。

6. 練習和你身邊的夥伴分享自己的特質，說出自己的需求或困難。

因為注意力缺陷過動特質使得我很容易忘東忘西，對於繁瑣的細節沒有耐心，這些忘記可能會帶來誤會，希望身邊的夥伴能在工作中適時提醒我，很多時候我並不是故意擺爛或不做，真的只是忘記了。（怎麼聽起來有點像是藉口呢？）

7. 列出十項你覺得自己不敢做、不想做的事情，花一個月的時間去完成它。

我對於學術的論文寫作格式很沒有耐心……

8. 選擇一個和你特質相近的服務機構或是對象去認識和參與服務。

我會去協助注意力缺陷過動症的家長團體，像是赤子心過動症協會……

9. 在你身邊找到一位和你特質相似的長輩，了解他的成長歷程。

本書訪談的林哲宇和謝智謀老師讓我知道我並不孤單，注意力缺陷過動症特質只要有好的應對策略也可以有良好的適應與發展，智謀老師更讓我理解，過動症有其獨有的生活文化，發展自己的生活模式，有意識的創造自己的舒適圈也很重要。

10. 找一個你興趣領域的達人聊一聊，去他工作的場域看一看，幫助自己更了解這個世界。

我對職業運動有興趣，會想要進一步藉由訪談職業運動員，了解這個生態，也了解優秀運動員的重要特質……

後記

《X戰警》其實是一部教育片

或許小時候《X戰警》（*X-Men*）這部電影就已經植入我的潛意識，X教授成立變種人學校，教導變種人學習控制自己的能力，甚至更好的應用自己的能力，為這個世界帶來正面的影響。

而在電影中看似大反派的萬磁王其實也有自己的生活哲學，他覺得變種人是優於人類的，所以變種人不應該被人類統治，變種人應該成為這個世界的主宰。變種人和人類的關係為何？變種人應該如何在世界自處？成為牽動整個系列影片的關鍵課題。

在超級歪的解析影片中提到：《X戰警》漫畫原著作者Chris Claremont曾經說

過：「變種人被全體人類厭惡、恐懼、歧視。不為別的，只因為他們是變種人。」所以我們看到的，無論有意無意，是一個關於種族歧視、偏執與偏見的作品。如果沒有人類的偏見，變種人就不用承受這麼多不必要的苦難。差異性讓人類產生了偏見，偏見越深，恐懼就越大。這種恐懼最後變成有意或無意的傷害。造成了不同群體的苦難，結果作用力等於反作用力，苦難成為復仇的原動力，暴力性的復仇又回來加深了原本的偏見，整個體制都在惡性循環。

看到這裡，是不是有種熟悉的感覺？我一直覺得《X戰警》是一部富含教育意義的電影。尤其在思考特殊教育輔導工作時，帶給我不少啟發。X博士創辦的變種人學校的教育理念和陶璽工作室這些年來努力的方向非常相似。X博士查爾斯認為變種人需要學習控制自己的能力，運用自己與生俱來的特異功能幫助這個社會變得更好！X博士追求的，是啟發每個變種人的優勢，在認識自己的過程中學習自我控制，發展自己所需的策略和生活模式，與普通人共存共融。而萬磁王覺得變種人比較優秀，不應該被普通人限制，要成為社會的宰制者，統治世界。他覺得X博士軟弱，向普通人創造的社會規則妥協，選擇讓變種人盡可能的隱身在這個社會中，不需要過度彰顯自己的能力，平時就像一般人一樣生活，只在危急時刻才需展現自己的特殊能力。

其實，我並不排斥萬磁王的理念，現今社會的確有非常厲害的「特教生」，舉例來說，特斯拉的創辦人伊隆．馬斯克（Elon Musk），他將自己的特質發揮到極致，靠著自己的天賦為這個世界帶來改變，創造新的社會秩序，也不斷讓我們看見人類的潛能。他的表現和成就，更接近萬磁王心裡對於變種人的期待，以及變種人和一般人類的關係。但並不是所有人或有特殊特質的人都具備這樣的能力！對有些人來說，可能終其一生被自己與生俱來的特質困擾著，尤其在成長過程中，他們需要經歷的挑戰往往是一般人難以體會的。

人類很容易被自己發明的分類標準遮蔽

人類已經浪費太多時間在互相傷害，標記和分界原本只是認識世界的一種方式，後來卻成了合理化人類暴力的說詞，而這些標記在我們日常生活中隨處可見，曾是二戰納粹戰俘的法國哲學家列維納斯（Emmanuel Lévinas）就認為，只用自己的觀點去理解萬物就是一種暴力。這種暴力正在摧毀生命的多樣性跟差異性。

差異性使我們的生活變得豐富起來，會有新的故事、新的價值觀等著我去發掘。差異性讓每個人無法被取代，正是因為無法被取代，存在才有意義。教育的目的不應該是消滅差異，拿既有的標準壓抑與控制別人，教育應該是擁抱差異，讓每個人表現真實的自己。

不同領域的神人都將自己的獨特性發揮到極致

認識自己的特質，想辦法發展自身所需的策略，面對環境當中的挑戰，努力走出一條屬於自己的道路。每個人先天內建不同的技能，就像線上遊戲一樣，每個角色有不同屬性、不一樣的人設，生長在不同的環境當中，因不同的環境淬煉而成長。我相信我們一定可以從其他人的生命經驗看出一些端倪，到底成長過程中我們需要什麼？我們又該如何做，方能幫助自己更穩定的邁開步伐向前進。

每個人都是獨一無二的，也因為如此，我們要的不是複製別人成功的方法，而是要發掘自己的天賦，這些天賦絕大部分是與生俱來的，有些天賦可能在小時候很容易被看出來，有些天賦則隱藏得很好，有待我們去探索和開發。但每個人都有屬於自己的天賦，這一點是無庸置疑的。

成功是否沒有公式？

蘋果的賈伯斯、微軟創辦人比爾蓋茲、特斯拉創辦人伊隆．馬斯克或是神奇寶貝創始人田尻智，他們的人生之所以精彩，不是因為他們循規蹈矩，按照世俗的期待生活。反之，他們的生命故事對許多人來說都很非典型，小時候是個異類、沒有好好念書、甚至連大學文憑都沒有，但世人卻好像不那麼在乎！那麼為什麼大多數人在面對自己的人生，面對自己孩子的人生會那麼嚴格？那麼循規蹈矩，那麼害怕自己和別人不一樣？成長過程中，我們會不會太在意別人的眼光，太在意世俗的標準，以至於我們總是活在別人的期待中，不敢真正的活出自己！

有沒有人和我一樣？是不是只有我這樣？我很奇怪嗎？有些孩子會覺得自己格格不入，和身邊的人都不一樣，這樣的狀態可能有些孤單，對自己的不自信，對自身狀態的不確定，渴望得到他人的認可，對自我懷疑。其實不只有你這樣，有很多人和你一樣隱身在人群中。

人生充滿了挫折和挑戰，過程中的辛苦是必然。每個人都有屬於自己的賽道，在面對生命中的困境，讓自己單純的傻傻投入，或許就有機會成就自我。

（全文完）

參考資料

電影：

《路卡的夏天》

《魔法滿屋》

《X戰警》系列電影

《逆者》

書籍：

《發展心理學》，David R. Shaffer, Katherine Kipp著，張欣戊、林淑玲、李明芝譯，二〇一四，學富文化。

《生涯諮商：優勢、多元、全方位》，Norman C. Gysbers, Mary J. Heppner, Joseph A. Johnston著，田秀蘭、吳芝儀、王玉珍、楊育儀、林昱芳、劉怡佳譯，二〇二〇，心理出版。

《鐵鞋的翅膀》，馮勝賢著，二〇一二，誌成文化。

國家圖書館出版品預行編目資料

天賦就是你的超能力：陪伴青少年認識自我,成就最好的自己/曲智鑛著. -- 初版. -- 臺北市：商周出版：英屬蓋曼群島商家庭傳媒股份有限公司城邦分公司發行, 2023.01
面； 公分. -- (商周教育館；61)
ISBN 978-626-318-520-3(平裝)

1.CST:青少年 2.CST: 青少年問題 3.CST: 自我肯定

544.67 111019381

線上版讀者回函卡

商周教育館 61

天賦就是你的超能力——陪伴青少年認識自我，成就最好的自己

作　　者／ 曲智鑛
企劃選書／ 黃靖卉
責任編輯／ 黃靖卉

版　　權／ 吳亭儀、江欣瑜
行銷業務／ 周佑潔、黃崇華、賴玉嵐
總 編 輯／ 黃靖卉
總 經 理／ 彭之琬
事業群總經理／ 黃淑貞
發 行 人／ 何飛鵬
法律顧問／ 元禾法律事務所 王子文律師
出　　版／ 商周出版
臺北市104民生東路二段141號9樓
電話：(02) 25007008　傳真：(02)25007759
blog: http://bwp25007008.pixnet.net/blog
E-mail：bwp.service@cite.com.tw
發　　行／ 英屬蓋曼群島商家庭傳媒股份有限公司城邦分公司
臺北市中山區民生東路二段141號2樓
書虫客服服務專線：02-25007718；25007719
24小時傳真專線：02-25001990；25001991
服務時間：週一至週五上午09:30-12:00；下午13:30-17:00
劃撥帳號：19863813；戶名：書虫股份有限公司
讀者服務信箱：service@readingclub.com.tw
城邦讀書花園 www.cite.com.tw
香港發行所／ 城邦（香港）出版集團
香港灣仔駱克道193號東超商業中心1樓_E-mail : hkcite@biznetvigator.com
電話：(852) 25086231　傳真：(852) 25789337
馬新發行所／ 城邦（馬新）出版集團【Cite (M) Sdn Bhd】
41, Jalan Radin Anum, Bandar Baru Sri Petaling, 57000 Kuala Lumpur, Malaysia.
電話：(603) 90563833　傳真：(603) 90576622　Email：services@cite.my

封面設計／ 林曉涵
排版設計／ 林曉涵
封面圖片／ Ringo Hsu
印　　刷／ 中原造像股份有限公司
經 銷 商／ 聯合發行股份有限公司
新北市231新店區寶橋路235巷6弄6號2樓電話：(02) 29178022　傳真：(02) 29110053

■2023年1月31日初版一刷　Printed in Taiwan
定價380元

城邦讀書花園
www.cite.com.tw
 ISBN 978-626-318-520-3